누구나
쉽고 재미있게

사고력 수학

노크

A8
(8~9세)

경우의 수와 통계

이 책을 보시는 부모님들께

머리가 좋아야 수학을 잘 한다는 말이 있습니다. 또, 수학을 잘 못하는 아이는 아빠, 엄마의 머리를 물려받아서 그렇다는 등의 난데없는 유전자 논쟁이 벌어지기도 합니다. 하지만 많은 사람들의 일반적인 생각과는 달리 이는 근거없는 이야기입니다. 외국의 한 연구 기관에서 언어, 사회, 수학, 과학의 네 가지 분야 중 어떤 것이 아동의 선천적 재능에 영향을 받는지 조사한 연구 결과를 발표했는데 일반적인 예상과는 다르게 선천적 재능에 영향을 받는 순서는 사회, 언어, 과학, 수학 순이었습니다. 다시 말해, 수학은 여러 학문 분야 중 선천적인 재능보다는 후천적인 환경이나 교육자, 학습자의 노력에 가장 큰 영향을 받는 학문이라 볼 수 있습니다. 수학의 가장 기본이 되는 '수 영역'의 예를 들어 보겠습니다. 아이들이 수를 처음 접하는 시기의 차이는 있지만 실제 수에 대한 감각과 수를 다루는 연습은 생활 속에서의 체험이나 다양한 활동, 학습 속에서 이루어집니다. 즉, 수학의 가장 기본이 되는 수는 선천적으로 가진 재능과는 거의 연관이 없으며 자라나면서 어떤 환경에 놓이는지, 얼마나 많이 수를 생각할 수 있는 기회가 있는지, 나이에 맞는 올바른 학습을 만날 수 있는지에 좌우됩니다. 그러므로 아이의 수학적 발달에 문제가 있다면, 그 아이가 누구를 닮아서 그런지, 지능이 떨어지는지를 따질 것이 아니라 수학적 힘을 기를 수 있는 학습 환경을 어떻게 만들어줄 것인가를 고민해야 합니다.

국제영재교육연구소의 랜즐리 소장은 영재의 기준을 마련하기 위해 여러 연구를 시행한 결과, 영재의 공통적인 특징들을 발견하였습니다. 첫째는 115 이상의 지능지수(IQ), 둘째는 창의력(Creativity), 셋째는 동기적 요소라고 부르는 끈질긴 근성과 과제집착력이었습니다. 이들 세 가지 요소 역시 선천적으로 타고 나는 부분도 물론 있겠지만 대부분 후천적인 학습이나 교육 활동을 통해 기를 수 있는 능력이라는 데에 이의를 제기하기는 힘듭니다.

이처럼 수학적 능력은 후천적 학습 환경에 주로 좌우되며, 특히 어린 시절에는 그러한 경향이 더더욱 두드러집니다. 하지만 우리의 아이들을 둘러싼 수학적 환경을 다시 한 번 돌아봅시다. 초등학교를 들어가기 전부터 과도한 학습량과 무의미한 반복 활동, 이후의 수학 학습에 오히려 방해가 될 정도로 무리한 선행 학습 등의 환경은 아이의 수학적 힘을 길러주기보다는 수학에서 가장 중요한 창의적 사고력을 기를 수 있는 기회를 박탈함과 동시에 수학에 대한 흥미를 급속하게 떨어뜨리게 하여 수학으로 문제를 해결하려는 의지, 즉 수학적 동기를 스스로에게 부여하는 것을 불가능하게 만들어 버립니다. 중요한 것은 남들보다 먼저, 그리고 더 많이 수학적 지식을 머리 속에 주입하는 것이 아니라 태어나서부터 누구나 가지고 있는 수학에 대한 관심, 그리고 수학으로 생각하는 힘을 일깨워주는 것입니다.

수학을 잘할 수 있는 힘,

수학적 잠재력은 이미 여러분 아이들의 머릿 속에 줄곧 있어왔습니다. 단지 어떤 아이는 그것을 찾아내어 드러낼 수 있었고, 어떤 아이는 꼭꼭 숨긴 채 평생 드러나지 않을 뿐입니다. 이러한 수학적 잠재력에 대한 참신한 자극 - 생각을 두드리는 '노크'를 제안하려 합니다. '노크'는 수학적 지식과 스킬만을 무리하게 밀어넣지 않습니다. 왜 수학을 해야 하고, 어떻게 수학으로 가능한지 끊임없이 스스로 생각하게하는 계기로서의 활동이 되려 합니다. 일상으로부터 괴리된 학문으로서의 수학이 아닌, 삶을 살아가며 반드시 키워야 할 논리적, 합리적 사고력을 기를 수 있는 누구에게나 가장 중요한 경쟁력으로서의 수학을 주장합니다. '노크'야말로 새로운 수학 학습의 길을 보여주는 방향타가 될 것입니다.

한 현 조

똑!똑! 사고력 수학
노크의 구성

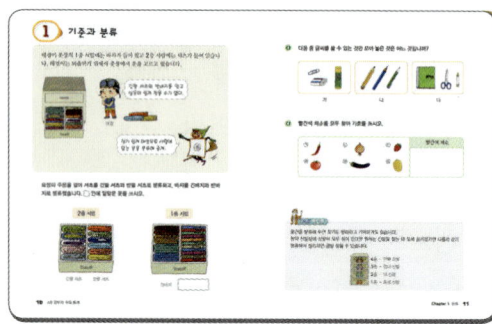

시작 : 생각열기

사고력 수학 주제에 맞는 수학적 상황, 수학사, 생활 속 수학 이야기 등의 자유로운 형식으로 흥미를 유발하고, 수학적 사고를 자극하는 주제별 프롤로그

노크 포인트

문제 해결의 핵심적 원리를 '콕!' 집어서 간결하게 요약한 사고력 수학 주제별 포인트

전개 : 유형 탐구

사고력 수학의 대표 유형을 노크만의 새로운 방법으로 차근차근 한 단계씩 익히고 해결하는 단계적 유형 탐구와 이를 통해 익힌 방법적 원리를 적용, 확장하는 확인 문항

날 생각해 봐!

수학 요정들의 친절한 충고와 꼬마 요괴들의 밉살스럽지만 유용한 조언으로 어려운 발전 문항의 해결을 돕는 문제 해결 도우미 박스

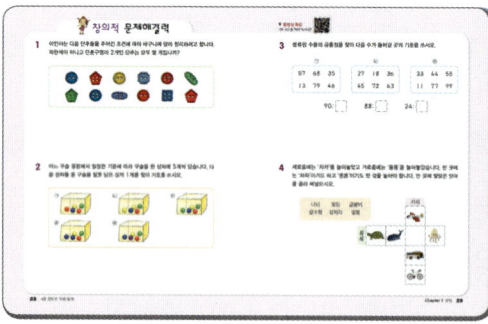

발전 : 창의적 문제해결력

3개의 사고력 수학 주제를 갈무리하는, 한 차원 높은 창의력과 복합적인 사고력을 요구하는 발전 문항의 끝판왕

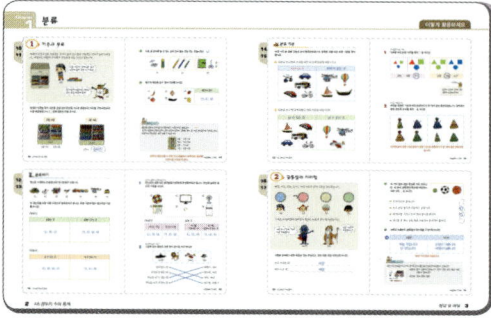

마무리 : 정답 및 해설

본문에 그대로 첨삭된 정답과 간략한 풀이 과정을 통한 사고력 수학 활동 피드백으로 마무리

노크
캐릭터 소개

지식을 되찾기 위해 노크랜드로 떠난 모험가 친구들

일단 저지르고 보는 거야!

난 궁금한 건 절대 못 참아.

침착하게 위기를 벗어나야 해.

생각으로 아주 멀리까지 날아가.

태경
활동파 리더

지오
호기심 공주

초이
조용한 전략가

아인
꼬마 천재

마법사 멀린과 수학 요정

 ### 마법사 멀린

노크랜드의 지식의 수호자. 지식을 파괴하려는 대마왕의 음모에 맞서 모험을 떠난 친구들의 든든한 조력자.

아르키메데스

페르마

플라톤

파스칼

피타고라스

가우스

유클리드

오일러

대마왕과 꼬마 요괴

대마왕

노크랜드의 지식의 파괴자. 세계를 차지하기 위해 모든 지식을 없애버리려고 하는 요괴들의 두목.

딴소리

한입

장난

딴짓

멍하니

잠만자

울보

거꾸로

이 책의

차례

Chapter 1 분류

Chapter 2 속성

Chapter 1

분류

 # 기준과 분류

태경이 옷장의 1층 서랍에는 바지가 들어 있고 2층 서랍에는 셔츠가 들어 있습니다. 태경이는 외출하기 위해서 옷장에서 옷을 고르고 있습니다.

긴팔 셔츠와 반바지를 입고 싶은데 쉽게 찾을 수가 없어.

태경

찾기 쉽게 마법으로 서랍에 있는 옷을 분류해 줄게.

요정이 주문을 걸어 셔츠를 긴팔 셔츠와 반팔 셔츠로 분류하고, 바지를 긴바지와 반바지로 분류했습니다. ☐ 안에 알맞은 옷을 쓰시오.

2층 서랍

긴팔 셔츠   반팔 셔츠

1층 서랍

긴바지   ☐

❸ 다음 중 글씨를 쓸 수 있는 것만 모아 놓은 것은 어느 것입니까?

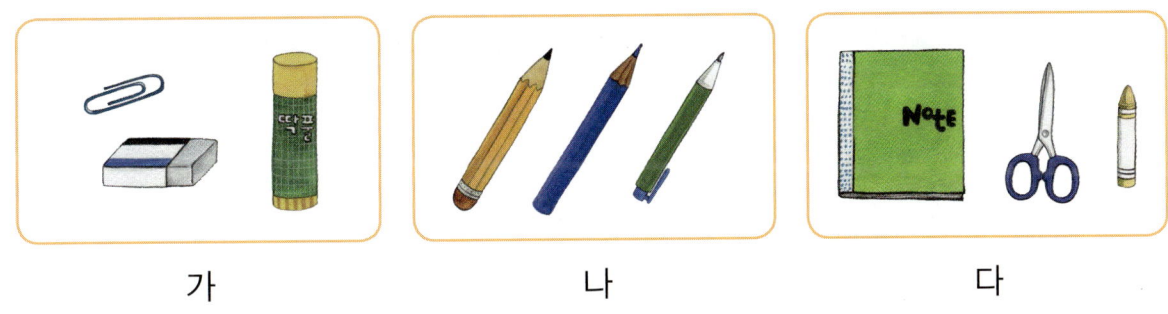

가   나   다

❹ 빨간색 채소를 모두 찾아 기호를 쓰시오.

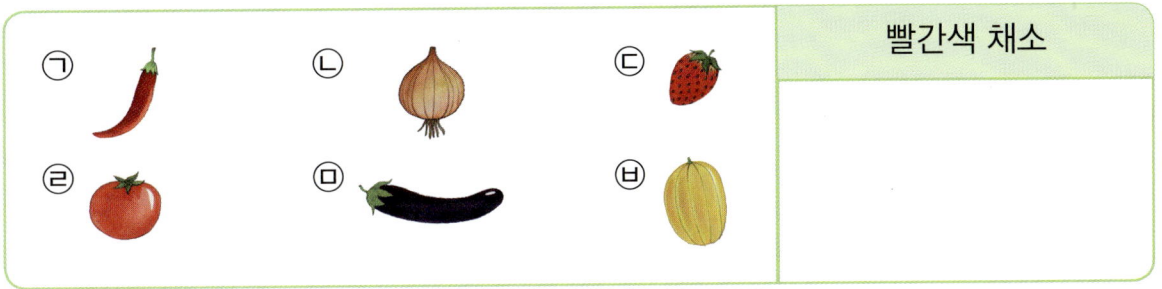

빨간색 채소

물건을 분류해 두면 찾기도 편리하고 기억하기도 쉽습니다.
만약 신발장에 신발이 모두 섞여 있다면 원하는 신발을 찾는 데 오래 걸리겠지만 다음과 같이
분류해서 정리하면 금방 찾을 수 있습니다.

4층 - 아빠 신발
3층 - 엄마 신발
2층 - 내 신발
1층 - 동생 신발

 분류하기

장난감 가게에는 다음과 같은 장난감들이 있습니다.

ㄱ   ㄴ   ㄷ   ㄹ   ㅁ   ㅂ   ㅅ

위 장난감을 서로 다른 기준으로 분류하려고 합니다. 분류 기준에 맞는 장난감의 기호를 쓰시오.

[방법 1]

동물인 것	동물이 아닌 것

[방법 2]

날 수 있는 것	날 수 없는 것

[2가지 방법으로 분류하기]

1 아인이네 집에 있는 물건들을 기준에 맞게 분류하려고 합니다. 빈칸에 알맞은 물건의 기호를 쓰시오.

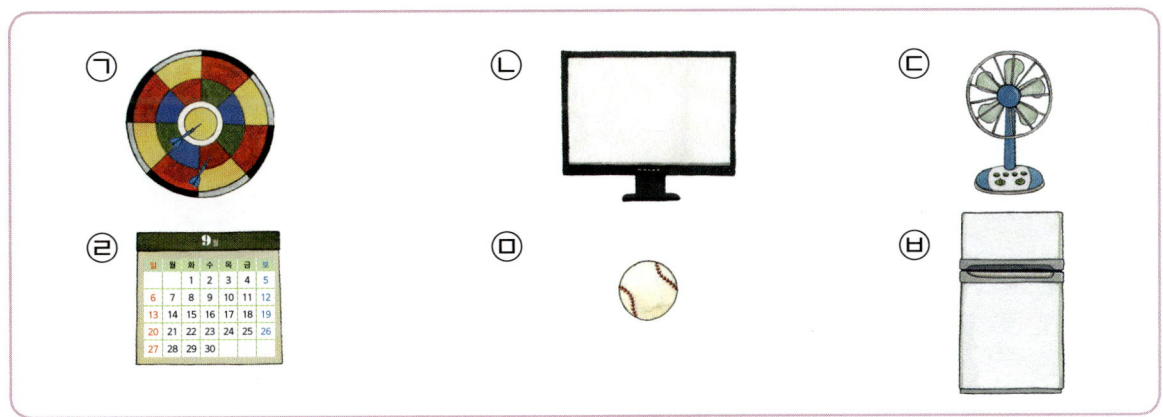

[방법 1]

네모난 모양	동그란 모양

[방법 2]

전기를 사용하는 것	전기를 사용하지 않는 것

[분류해 놓은 기준]

2 기준에 따라 알맞은 것을 찾아 선으로 이어 보시오.

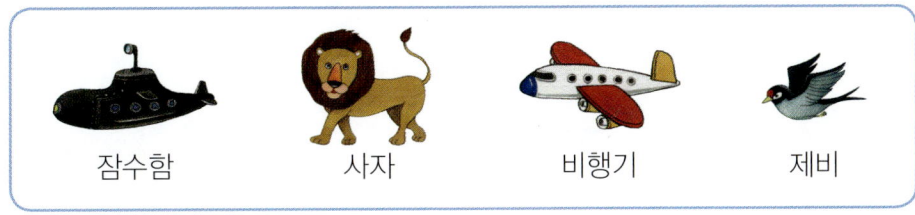

| 잠수함 | 사자 | 비행기 | 제비 |

살아있는 것 •   • 비행기, 제비

살아있지 않은 것 •   • 잠수함, 사자

하늘을 날 수 있는 것 •   • 사자, 제비

하늘을 날지 못하는 것 •   • 잠수함, 비행기

 ## 분류 기준

여러 가지 탈 것을 다음과 같이 분류하였습니다. 분류한 것을 보고 분류 기준을 찾아 봅시다.

① 다음을 보고 분류 기준을 찾아 빈 곳에 알맞게 써넣으시오.

바퀴가 있는 것

② 다음을 보고 빈 곳에 알맞은 분류 기준을 써넣으시오.

1 다음을 보고 분류 기준을 찾아 ○표 하시오.

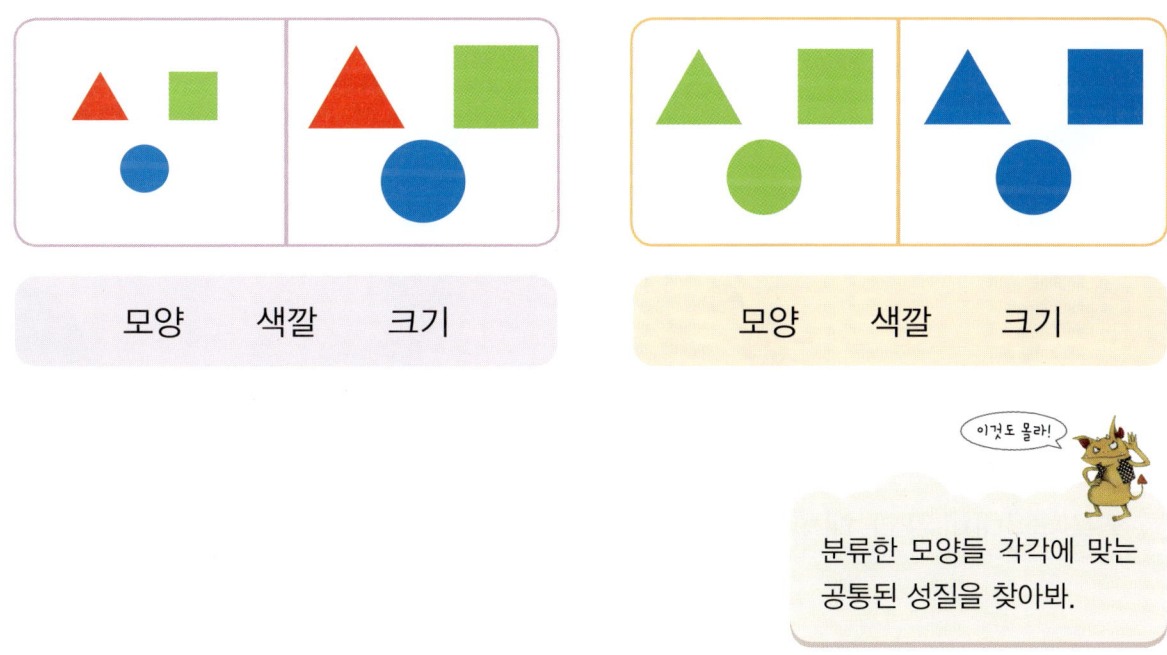

분류한 모양들 각각에 맞는 공통된 성질을 찾아봐.

[모자 분류하기]

2 모자를 일정한 기준에 따라 분류하다가 한 개씩 잘못 분류하였습니다. 양쪽에서 잘못 분류한 모자를 찾아 ×표 하시오.

2 공통점과 차이점

태경, 지오, 아인, 초이는 각각 다음과 같이 그릇을 만들었습니다.

그릇을 본 대마왕과 대마법사 멀린은 다음과 같이 말하였습니다.

그릇을 살펴보고 모두 똑같은 것은 무엇이고, 모두 다른 것은 무엇인지 쓰시오.

모두 똑같은 것: _____

모두 다른 것: _____

🔵 세 가지 공에 대한 특징을 적은 것입니다. 세 공의 공통적인 특징에 해당하는 것에 모두 ⚪표 하시오.

● 크기가 모두 같습니다.　　　□

● 모두 운동 경기에 사용하는 공입니다.　　　□

● 공 하나를 가지고 여러 명이 경기를 합니다.　　　□

● 경기를 할 때는 공을 발을 사용하여 움직여야 합니다.　　　□

🔵 사탕과 초콜릿의 공통점과 차이점을 2가지씩 쓰시오.

공통점	차이점

여러 가지 성질로 나누어서 생각해 보면 물건을 다양하게 비교할 수 있습니다.

공통점: 혼자 사용하지 않습니다. (전기, 연료, 치약, 물감 사용)
　　　　먹을 수 없습니다.

차이점: 모양, 색깔, 재료

공통점 찾기

아인이가 소리, 모양, 움직임을 나타내는 말들을 조사하여 기준에 따라 분류하였습니다. 아인이가 분류한 것들을 서로 비교하여 공통점을 찾아봅시다.

㉠	㉡	㉢
살금살금	울퉁불퉁	우당탕
동글동글	티격태격	엉거주춤
방실방실	울긋불긋	살그머니
토실토실	이쪽저쪽	후다닥
번쩍번쩍	이리저리	후루룩

❶ ㉠의 공통점은 무엇입니까?

❷ ㉡의 공통점은 무엇입니까?

❸ ㉠, ㉡과 비교했을 때 ㉢의 공통점은 무엇입니까?

❹ 다음은 ㉠, ㉡, ㉢ 중 어느 것에 해당하는지 ☐ 안에 알맞은 기호를 써넣으시오.

올망졸망: ☐   뒤뚱뒤뚱: ☐   철퍼덕: ☐

1 ◯ 안에 있는 것들과 ☐ 안에 있는 것들은 각각 공통점이 있습니다. ◯와 ☐의 빈 곳에 들어갈 수 있는 것의 기호를 알맞게 써넣으시오.

이것도 몰라!

햄버거, 샌드위치, 초코 과자는 어떤 공통점이 있 을까?

[태경이가 받을 우유]

2 태경이네 반 친구들은 각자 자신이 그린 그림에 따라서 흰 우유와 딸기 우유, 바나 나 우유를 받았습니다. ☐ 안에 태경이가 받게 될 우유를 써넣으시오.

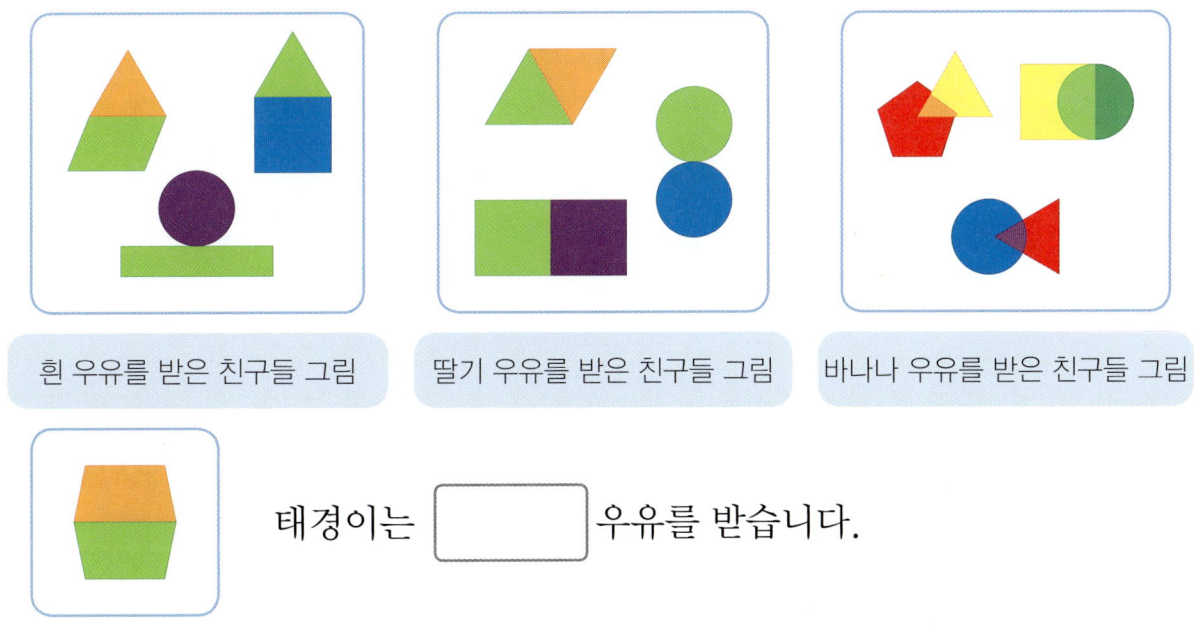

흰 우유를 받은 친구들 그림   딸기 우유를 받은 친구들 그림   바나나 우유를 받은 친구들 그림

태경이는 [   ] 우유를 받습니다.

태경이가 그린 그림

나는 누구일까요?

다음 그림 카드에는 여러 가지 특징들이 있습니다.
오른쪽 특징에 모두 맞는 그림 카드를 찾아봅시다.

나는 파란색입니다.
나는 살아 있습니다.
나는 날 수 있습니다.

❶ '나는 파란색입니다.'에 알맞은 그림 카드의 기호를 모두 쓰시오.

❷ ❶에서 찾은 카드 중에서 '나는 살아 있습니다.'에 알맞은 그림 카드의 기호를 쓰시오.

❸ ❷에서 찾은 카드 중에서 '나는 날 수 있습니다.'에 알맞은 그림 카드의 기호를 쓰시오.

1 빈 곳에 ㉠, ㉡, ㉢ 중 지우개의 특징을 골라 기호를 쓰시오.

㉠ 살아 있습니다.
㉡ 씻을 때 사용합니다.
㉢ 연필과 함께 사용합니다.

• 사용할수록 크기가 점점 작아집니다.
• 먹을 수 없습니다.
•
_____

2 다음 중 세 가지 조건에 모두 해당하는 것의 기호를 쓰시오.

• 파란색입니다.
• 주로 땅에 있습니다.
• 짝이 있어야 사용할 수 있습니다.

잘 생각해 봐!

일단 파란색이 아닌 것을 지워 봐.

지오는 원주민의 안내를 받으며 아프리카 정글 체험을 하게 되었습니다. 원주민은 독수리와 새를 보고 '차카'라고 하였습니다.

차카가 무엇인지 궁금했던 지오는 보이는 것마다 "차카?"라고 물어 보았더니 원주민은 다음과 같이 대답하였습니다.

지오

 은 '차카'일까요, '차카'가 아닐까요?

 는 '차카'일까요, '차카'가 아닐까요?

아인이와 초이의 대화를 보고 '추추'를 찾아 모두 ◯표 하시오.

추추는 먹을 수 있어.

아인

빨간 것은 추추가 아니야.

초이

노크 포인트

공통적인 특징이 있는 것들을 모아서 '포포'나 '푸푸'와 같은 이름을 붙일 수 있습니다. 동물이나 사물이 가지고 있는 공통적인 특징을 찾으면 '포포'인지 아닌지 알 수 있습니다.

포포입니다.

포포가 아닙니다.

→ 포포는 곤충입니다.

 # 모모와 무무

태경이는 다음과 같이 '모모'와 '모모'가 아닌 것, '무무'와 '무무'가 아닌 것을 말하였습니다. 다음을 보고 '모모'와 '무무'가 무엇인지 알아보시오.

모모입니다.	모모가 아닙니다.

무무입니다.	무무가 아닙니다.

태경이가 생각한 '모모'에는 ◯표를 하고, '무무'에는 △표를 하시오.

[호호 찾기]

1 다음을 보고 '호호'는 무엇인지 기호를 쓰시오.

호호입니다.

호호가 아닙니다.

ㄱ 음식입니다.　　　ㄴ 옷입니다.　　　ㄷ 초록색입니다.　　　ㄹ 곤충입니다.

[탁탁 찾기]

2 악기들을 '탁탁'과 '탁탁'이 아닌 것으로 나누었습니다. 다음 악기 중 '탁탁'인 것에 모두 ◯표 하시오.

탁탁입니다.

탁탁이 아닙니다.

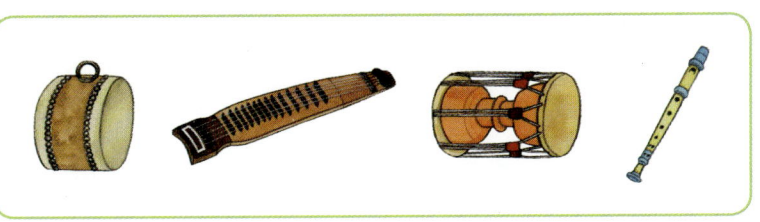

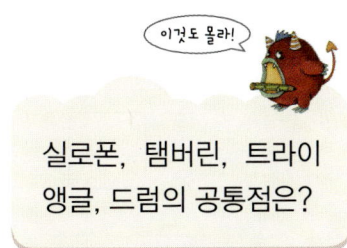

이것도 몰라!

실로폰, 탬버린, 트라이앵글, 드럼의 공통점은?

 # 쭉쭉이 찾기

그림을 그려서 '쭉쭉이'라고 이름을 붙였습니다. 다음 중 '쭉쭉이'를 찾아 ◯표 하시오.

나는 쭉쭉이가 아닙니다. 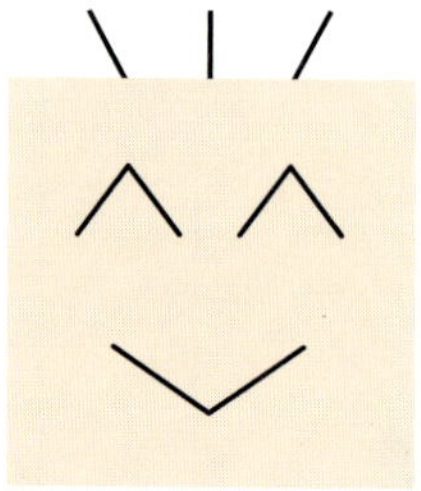　　나는 쭉쭉이입니다. 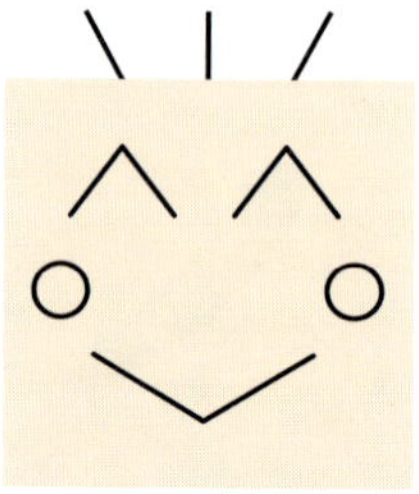　　나는 쭉쭉이가 아닙니다.

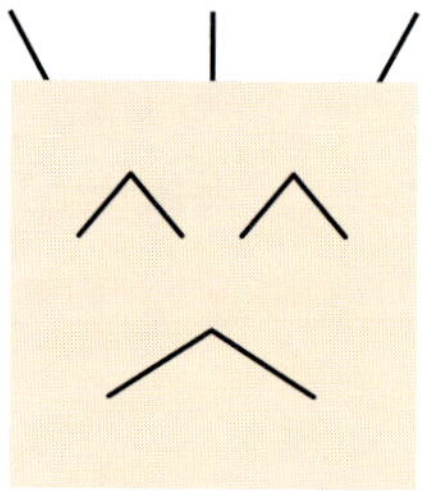

나는 쭉쭉이입니다. 　　나는 쭉쭉이가 아닙니다. 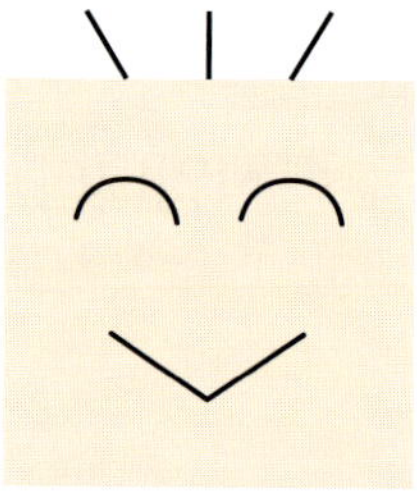　　나는 쭉쭉이가 아닙니다.

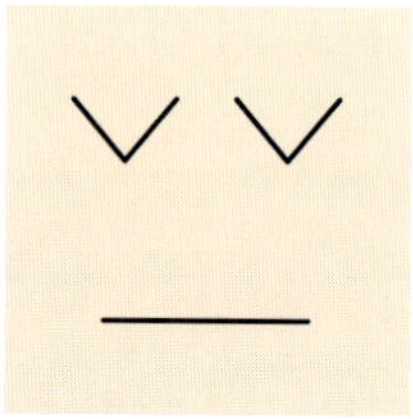

나는 쭉쭉이입니다. 　　나는 쭉쭉이가 아닙니다. 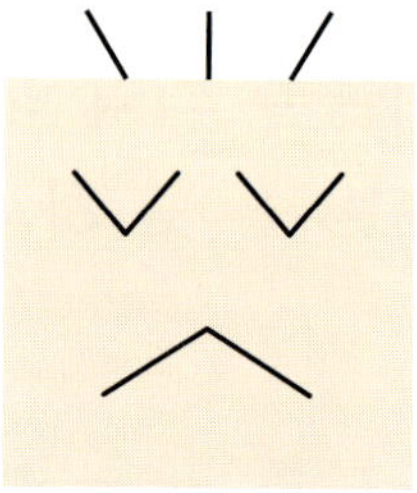　　나는 쭉쭉이입니다.

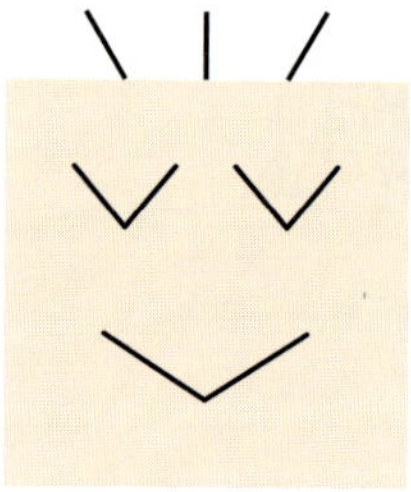

1 한 명이 '로로'가 아니면서 '로로'라고 거짓말을 하고 있습니다. 거짓말을 하고 있는 것에 ✕표 하시오.

한 명만 다른 것을 찾아봐.

[송송이 찾기]

2 다음을 보고 '송송이'를 찾아 기호를 쓰시오.

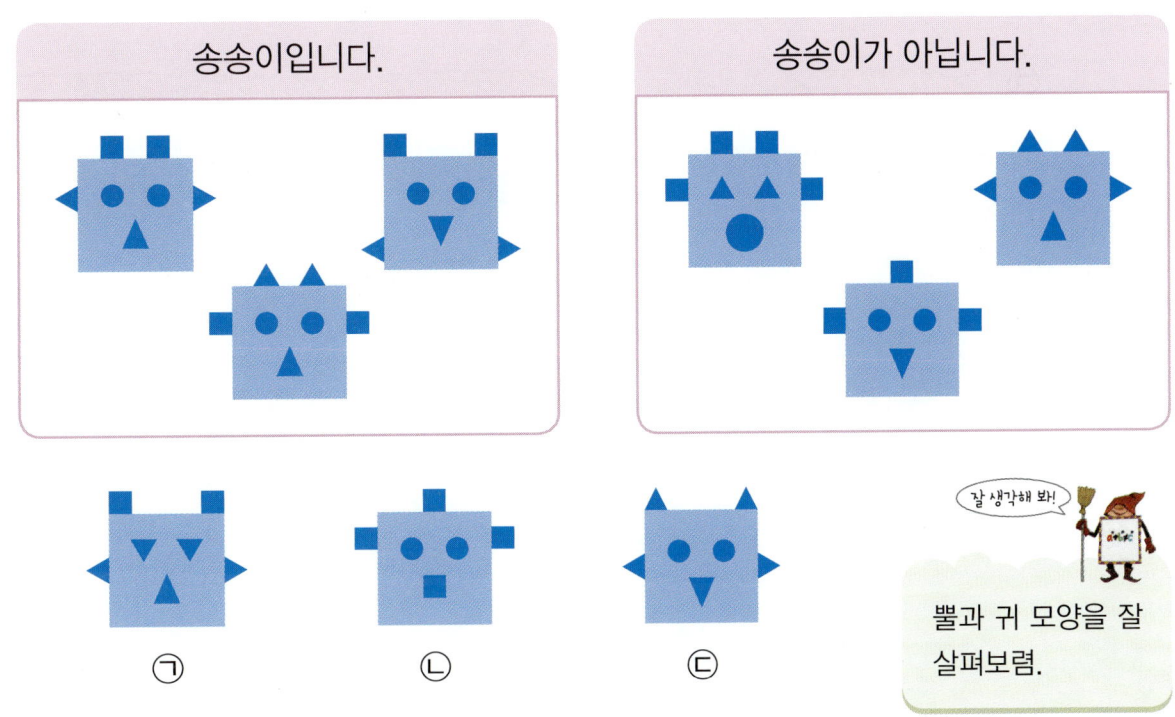

뿔과 귀 모양을 잘 살펴보렴.

창의적 문제해결력

1 아인이는 다음 단추들을 주어진 조건에 따라 바구니에 담아 정리하려고 합니다. 파란색이 아니고 단춧구멍이 2개인 단추는 모두 몇 개입니까?

2 어느 구슬 공장에서 일정한 기준에 따라 구슬을 한 상자에 5개씩 담습니다. 다음 상자들 중 구슬을 잘못 담은 상자 1개를 찾아 기호를 쓰시오.

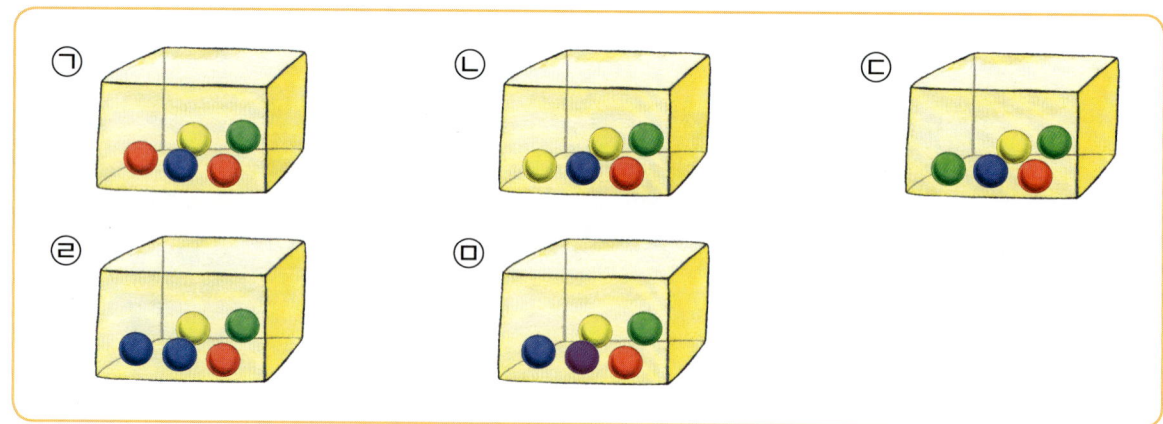

📍 동영상 특강
QR 코드를 찍어 보세요!!!

3 분류된 수들의 공통점을 찾아 다음 수가 들어갈 곳의 기호를 쓰시오.

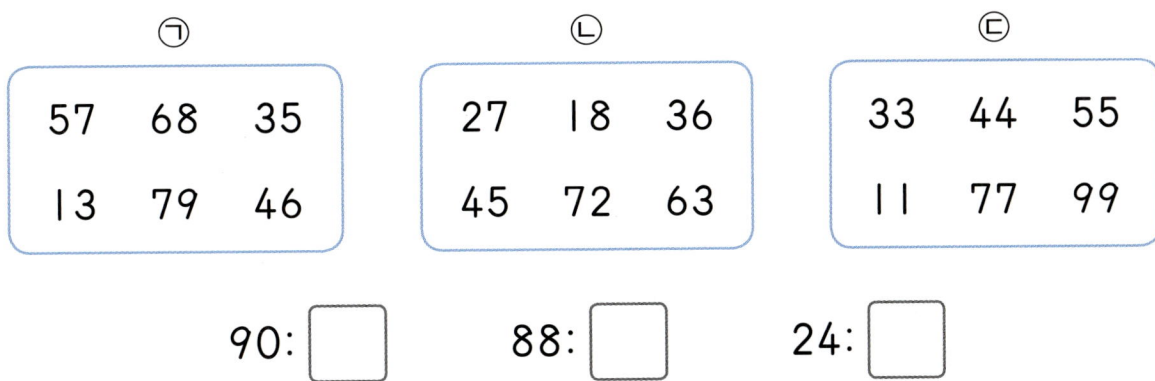

㉠	㉡	㉢
57 68 35	27 18 36	33 44 55
13 79 46	45 72 63	11 77 99

90: ☐   88: ☐   24: ☐

4 세로줄에는 '차차'를 늘어놓았고 가로줄에는 '몽몽'을 늘어놓았습니다. 빈 곳에는 '차차'이기도 하고 '몽몽'이기도 한 것을 놓아야 합니다. 빈 곳에 알맞은 단어를 골라 써넣으시오.

나비   꽃잎   금붕어
잠수함   잠자리   필통

Chapter 2

속성

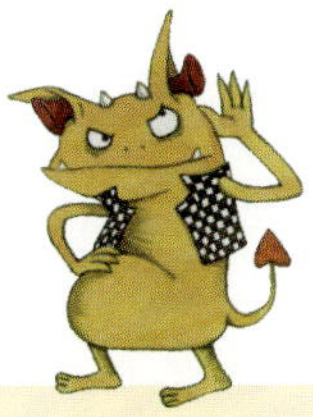

4 속성

대마왕이 도깨비들을 모아 두 모둠으로 나누었습니다.

왼쪽	오른쪽

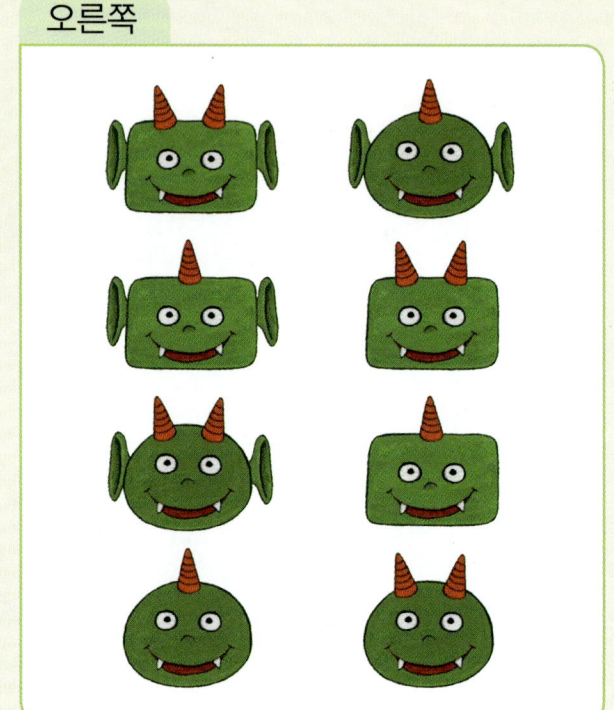

오른쪽 모둠의 도깨비들은 돌아가! 왼쪽 모둠의 도깨비들만 나를 따르라!

대마왕은 어떤 기준으로 도깨비들을 나누었습니까?

다음과 같은 12장의 카드를 속성에 맞게 분류하시오.

네모 모양	세모 모양	동그라미 모양
1, 4, 7, 10		

빨간색 모양	노란색 모양	초록색 모양

 **노크 포인트**

모양, 색깔, 크기 등과 같은 사물의 특징이나 성질을 속성이라고 합니다.

대마왕이 모은 도깨비들은 다음과 같은 속성이 있습니다.

얼굴 모양: 　뿔의 개수: 1개, 2개

눈의 개수: 1개, 2개　　　귀: 있음, 없음

공통적인 속성에 따라 도깨비들을 분류할 수 있고, 속성에 맞는 도깨비를 찾을 수도 있습니다.

공통점 찾기

다음과 같은 도깨비 방망이가 있습니다. 도깨비 방망이가 가진 속성을 알아봅시다.

❶ 도깨비 방망이에서 찾을 수 있는 속성을 나타낸 다음 표를 완성하시오.

모양	색깔	크기
세모 모양 네모 모양 둥근 모양		

❷ 다음 도깨비 방망이 **3**개의 공통점을 찾아 ◯표 하시오.

모양   크기   색깔

모양   크기   색깔

모양   크기   색깔

모양   크기   색깔

1 다음을 보고 ☐ 안에 공통적인 속성의 기호를 쓰시오.

㉠ 우산의 색깔
㉡ 손잡이 모양
㉢ 우산의 길이

이것도 몰라!

속성을 하나씩 비교해 봐.

[인형의 속성]

2 인형 가게에서 속성에 따라 인형들을 진열해 놓았습니다. 인형을 잘못 놓은 곳의 기호를 쓰시오.

㉠ 인형의 크기
㉡ 인형의 색깔
㉢ 같은 동물의 인형
㉣ 인형의 가격

속성으로 찾기

태경이와 초이가 어젯밤 골목에서 서로 다른 도깨비를 만났습니다. 태경이와 초이가 만난 도깨비를 각각 찾아봅시다.

①	②	③	④	⑤
⑥	⑦	⑧	⑨	⑩
⑪	⑫	⑬	⑭	⑮

태경

아니.

응.

응.

아니.

아인

눈이 2개였어?

뿔이 1개였어?

귀가 있었어?

얼굴은 동그란 모양이었어?

초이

응. 맞아.

응.

아니.

응.

태경이와 초이가 만난 도깨비의 번호를 각각 ☐ 안에 써넣으시오.

1 지오는 가게에 진열된 피자를 보며 먹고 싶은 피자의 속성 2가지를 말하였습니다.
지오가 먹고 싶은 피자에 ◯표 하시오.

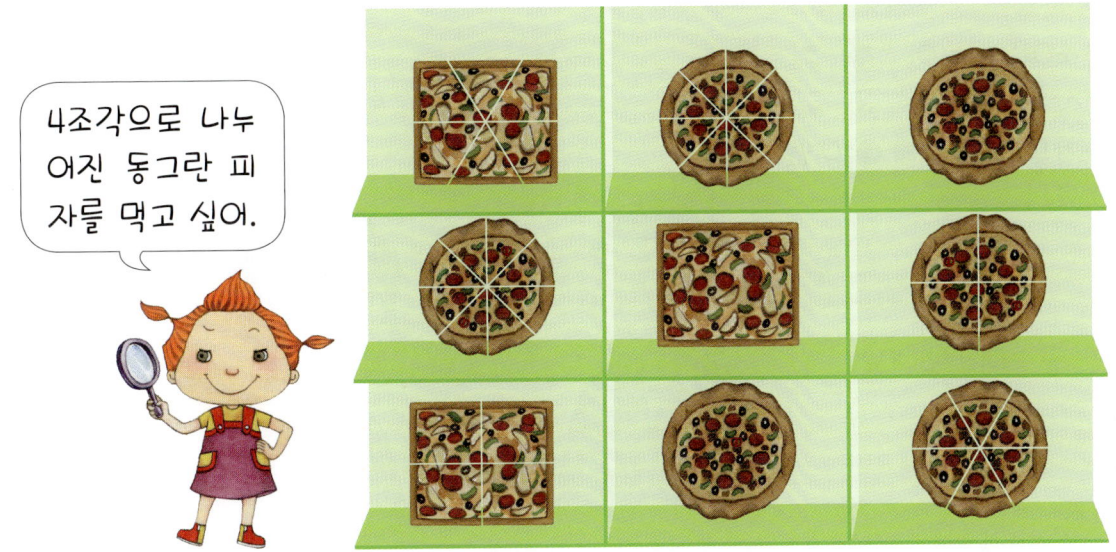

2 초이가 사용하는 컵을 찾아 기호를 쓰시오.

 **속성 매트릭스**

형사가 범인을 찾기 위해서 사건의 목격자들에게 범인의 얼굴에 대한 이야기를 들었습니다.

형사는 두 목격자가 말한 눈과 입 모양으로 범인의 얼굴을 그리려고 합니다. 범인의 얼굴을 직접 그려 보시오.

모양과 색깔을 보고 속성 매트릭스의 빈칸에 알맞은 번호를 쓰시오.

색깔＼모양	네모	동그라미
초록색		
주황색		

얼굴을 관찰하여 속성 매트릭스의 빈칸에 알맞은 이름을 쓰시오.

초이	태경	지오	아인

안경＼성별	남학생	여학생
안경 쓴		
안경 안 쓴		

노크 포인트

가로, 세로로 속성을 정하고 만나는 곳에 두 가지 속성을 모두 만족하도록 만든 표를 **속성 매트릭스**라고 합니다.

모양＼색깔	빨간색	파란색
세모	▲	▲
네모	■	■

파란색과 네모가 만나는 칸에
■ 이 들어갑니다.

 속성 분류

다음과 같은 속성 카드를 2가지 기준으로 나누어 봅시다.

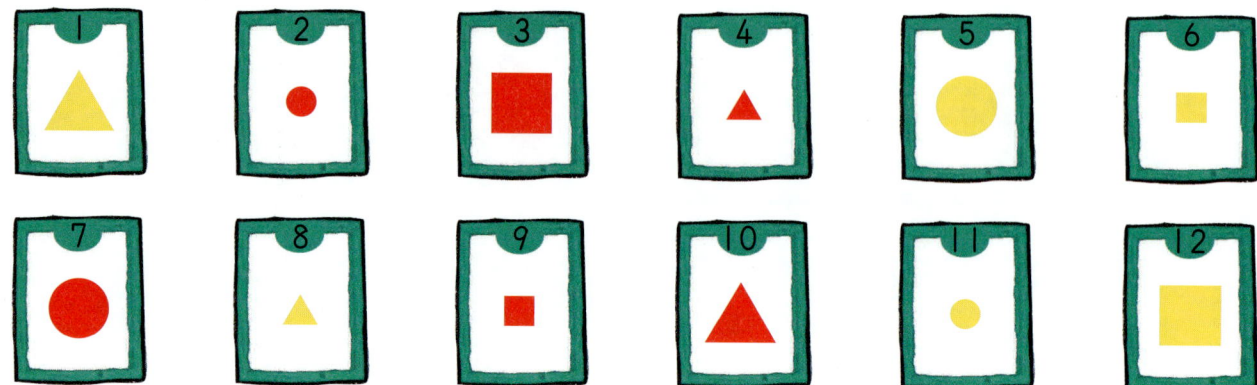

1 속성 카드를 색깔과 크기를 기준으로 나누었습니다. 빈칸에 알맞은 카드의 번호를 쓰시오.

크기 \ 색깔	빨간색	노란색
큰 것	3, 7, 10	
작은 것		

2 속성 카드를 모양과 색깔을 기준으로 나누었습니다. 빈칸에 알맞은 카드의 번호를 쓰시오.

색깔 \ 모양	세모	네모	동그라미
빨간색			
노란색			

1 태경이는 여러 종류의 꽃을 모았습니다. 꽃을 속성에 맞추어 분류할 때, ㉮에 들어가는 꽃은 모두 몇 송이입니까?

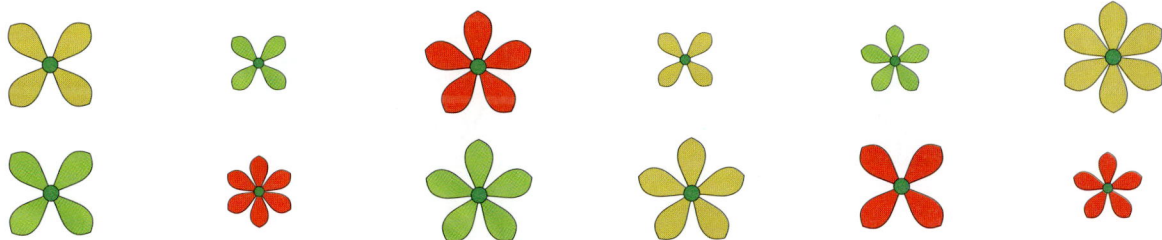

크기 \ 꽃잎 수	꽃잎 4장	꽃잎 5장	꽃잎 6장
작은 꽃			
큰 꽃		㉮	

2 책들의 속성에 맞게 분류하여 놓았습니다. 잘못 분류한 책은 모두 몇 권입니까?

두께 \ 표지 색	초록색	빨간색	노란색
두껍다			
얇다			

🦁 속성 찾기

일정한 규칙에 따라 가로줄과 세로줄에 같은 속성을 가진 단추를 넣어 놓은 상자가 있습니다. 규칙을 찾아 상자의 빈칸에 들어갈 단추를 알아봅시다.

❶ 상자의 각 칸에 놓인 단추의 속성을 색깔, 단춧구멍의 개수, 모양에 따라 나타낸 것입니다. 빈칸을 모두 채우시오.

색깔

	빨강	파랑	빨강
파랑	빨강		빨강
파랑			빨강

단춧구멍의 개수

	2개	4개	4개
2개	2개		4개
2개			4개

모양

	○	○	○
△	△		△
□			□

❷ 상자의 빈칸에 알맞은 단추의 기호를 쓰시오.

1 다음은 무늬가 있는 색종이를 속성 매트릭스로 분류한 것입니다. 빈칸에 알맞은 속성을 찾아 기호를 쓰시오.

속성			
㉠ 빨강			
㉡ 초록			
㉢ 파랑			
㉣ 하트			
㉤ 세모			

무늬 모양 \ 바탕 색깔			
	🟩△	🟦△△	🟥△△△
	🟩♥♥	🟦♥♥♥	🟥♥

[서랍 정리하기]

2 지오는 아래의 옷을 분류하여 서랍 ㉠, ㉡, ㉢, ㉣에 넣으려고 합니다. ☐ 안에 알맞은 서랍의 기호를 써 넣으시오.

각 서랍에 넣은 옷들의 공통된 속성을 먼저 찾아보렴.

6 속성 고리

지오와 초이가 바닷가에서 조개 껍질을 주워서 서로 다른 규칙으로 목걸이를 만들었습니다.

내가 만든 목걸이는 이웃한 조개 껍질끼리 두 가지 속성이 같아. ◯로 묶은 두 조개는 모양과 색깔이 같고, 크기가 다르지.

내 목걸이는 이웃한 조개 껍질끼리 한 가지 속성만 같아. ◯로 묶은 두 조개는 크기만 같고, 색깔과 모양은 달라.

지오   초이

지오와 초이가 각각 위와 같은 규칙으로 다른 목걸이를 만들 때, ☐ 안에 알맞은 조개의 기호를 써넣으시오.

지오   초이

가   나   다   라

두 도형의 속성을 비교하여 같으면 ◯표, 다르면 ✕표 하시오.

속성	모양	크기	색깔	채우기
▲ ▲				
▢ ◯				
◯ ●				

노크 포인트

사물이나 도형을 늘어놓을 때 여러 가지 속성 중 같은 속성의 개수를 정하여 놓을 수 있습니다. 이웃한 조개 껍질끼리 색깔, 모양, 크기 중 한 가지 속성만 같도록 늘어놓은 것입니다. 공통된 한 가지 속성은 각각 다음과 같습니다.

크기   모양   모양   색깔   모양   색깔   크기

이와 같이 늘어놓은 것의 양끝을 연결하여 속성 고리를 만들 수 있습니다.

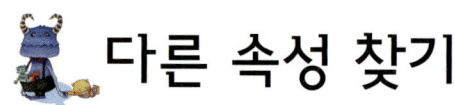 다른 속성 찾기

다음과 같이 4가지 속성을 가진 도형을 비교해 봅시다. 4가지 속성은 모양, 크기, 색깔, 채우기입니다.

모양	크기	색깔	채우기

① 두 도형을 비교하여 다른 속성을 찾아 모두 ◯표 하시오.

모양 (크기) 색깔 (채우기)

모양 크기 색깔 채우기

모양 크기 색깔 채우기

② ▲ 모양과 주어진 속성만 다르고 나머지 속성은 모두 같은 도형을 그려 보시오.

1 초콜릿이 다음과 같은 속성을 가지고 있습니다. 주어진 초콜릿과 한 가지 속성만 다른 초콜릿의 기호를 쓰시오.

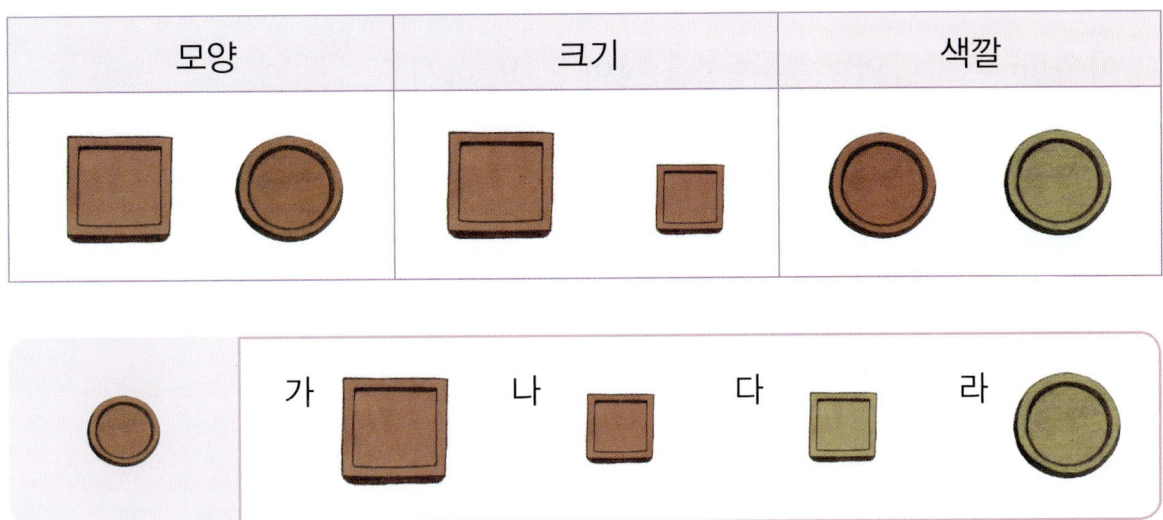

[가방 속성]

2 3가지 속성을 가진 가방이 있습니다. 주어진 가방과 모든 속성이 다른 가방의 기호를 쓰시오.

이것도 몰라!

손잡이의 모양과 무늬, 무늬의 색을 살펴봤니?

속성 고리 만들기

모양, 크기, 색깔, 채우기 중 한 가지 속성만 다른 도형끼리 이웃하도록 속성 고리를 만들어 봅시다.

❶ 이웃한 두 도형의 다른 속성을 찾아 ◯표 하시오.

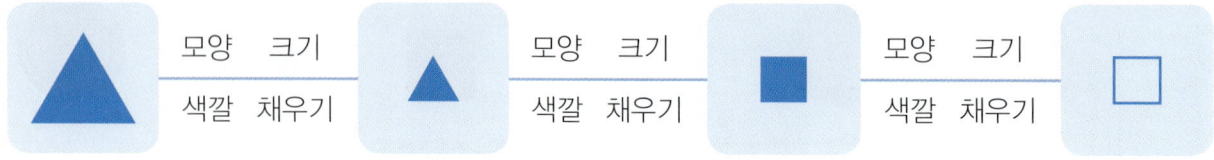

❷ 이웃한 두 도형의 같은 속성을 찾아 △표 하시오.

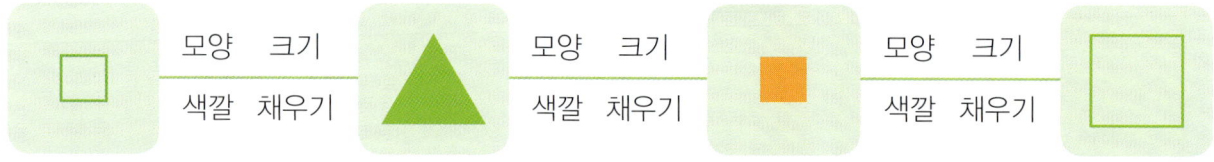

❸ 이웃한 도형끼리 모양, 크기, 색깔, 채우기 중 한 가지 속성만 다른 도형끼리 이웃하도록 속성 고리를 만들었습니다. 빈 곳에 알맞은 도형의 기호를 쓰시오.

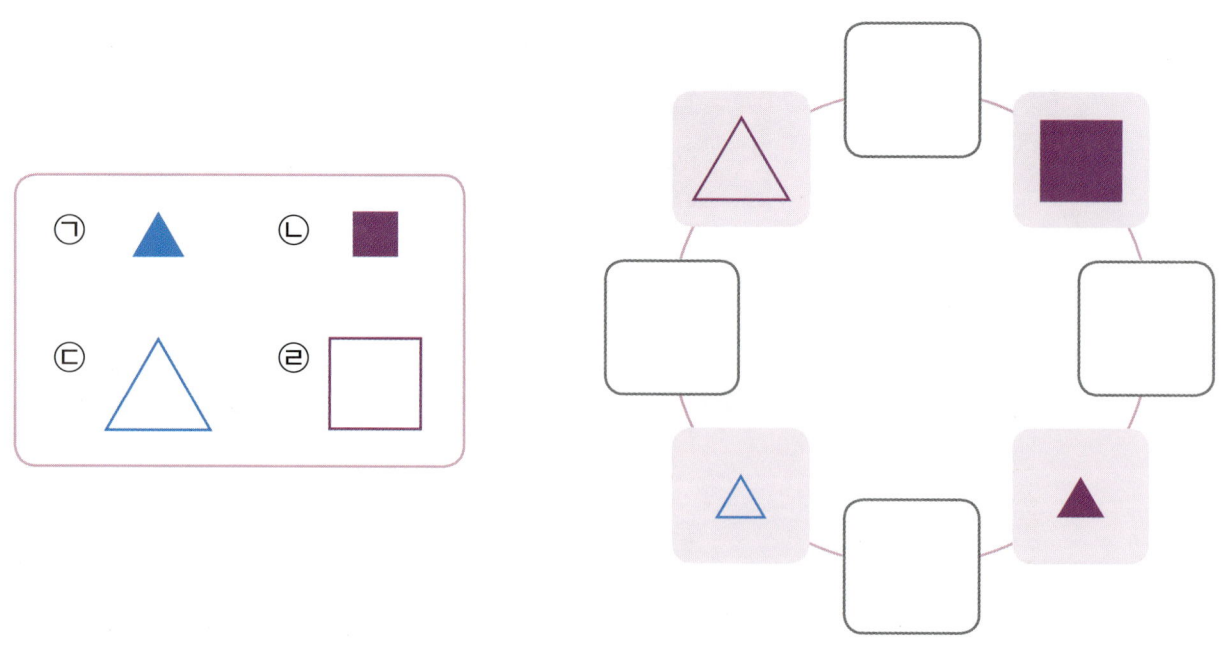

[단추 연결하기]

1 단추의 모양, 색깔, 구멍의 개수 중 한 가지 속성만 같은 단추끼리 이웃하도록 실에 연결하였습니다. 빈 곳에 놓을 수 있는 단추를 찾아 기호를 쓰시오.

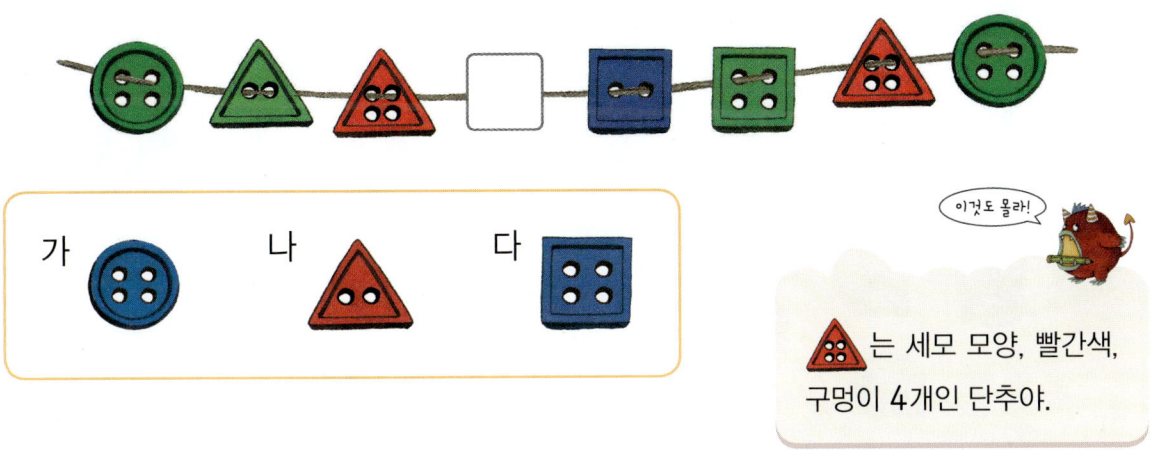

이것도 몰라!

△ 는 세모 모양, 빨간색, 구멍이 4개인 단추야.

[잘못 연결된 속성 카드]

2 도형의 모양, 크기, 색깔, 채우기 중 한 가지 속성만 다른 카드끼리 서로 이웃하도록 연결한 속성 고리입니다. 이 중 잘못 연결된 부분을 찾아 고리를 끊으려고 합니다. 고리를 끊어야 할 부분에 ✕표 하시오.

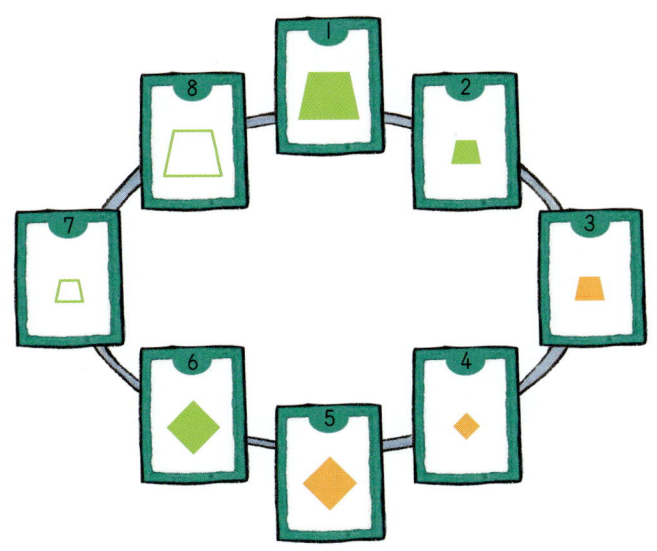

1 속성에 맞추어 분류한 상자에 6개의 모양을 더 넣으려고 합니다. 모두 분류하였을 때 모양이 가장 적게 들어간 상자의 기호를 쓰시오.

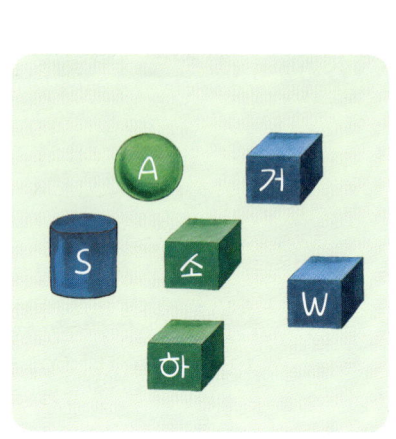

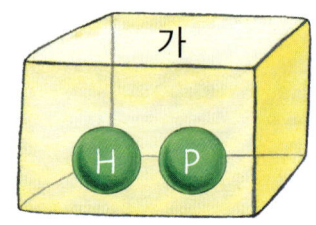
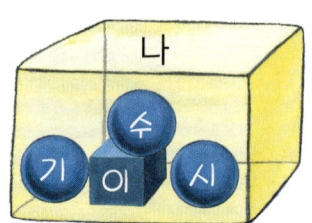
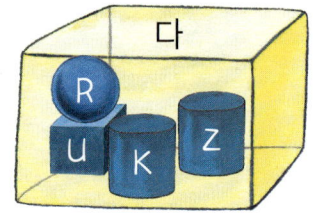
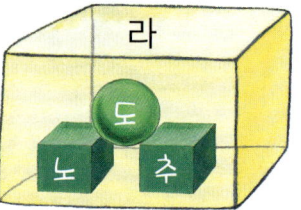

2 지오는 다음 눈 모양과 입 모양을 하나씩 골라서 얼굴을 그리려고 합니다. 서로 다른 얼굴을 몇 가지 그릴 수 있습니까?

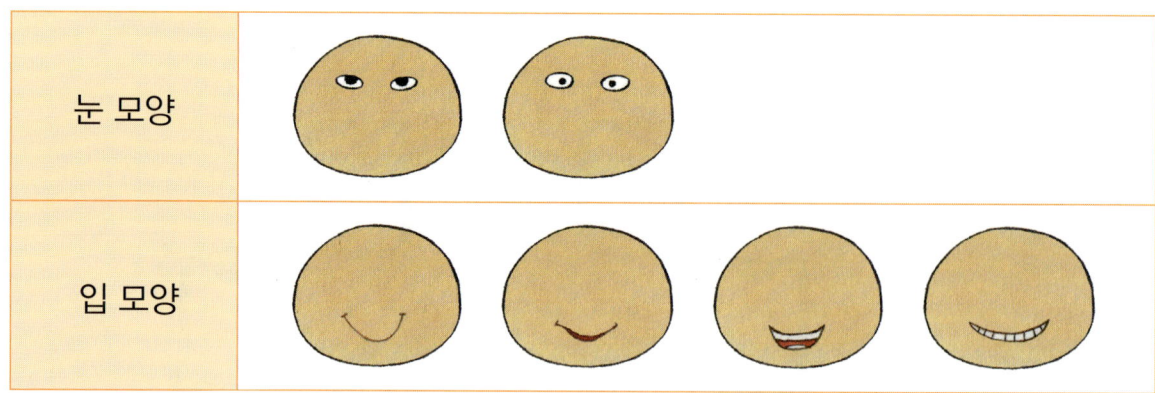

3 달걀에 그려진 무늬의 속성은 선의 모양, 개수, 색깔, 방향입니다. 주어진 달걀과 3가지 속성이 다른 달걀의 기호를 모두 쓰시오.

4 다음 도형들은 모양, 크기, 색깔, 채우기의 4가지 속성을 가지고 있습니다. 출발점에서 시작하여 속성 2개가 같은 도형을 따라 도착점까지 가는 길을 선으로 나타내시오.

Chapter 3 탤리

7 분류하여 세기

태경이가 방을 정리하려고 합니다. 학용품은 필통에, 장난감은 상자에, 책은 책꽂이에, 옷은 서랍에 정리해야 합니다.

다음 그림에 들어갈 물건의 개수를 세어 ☐ 안에 알맞은 수를 써넣으시오.

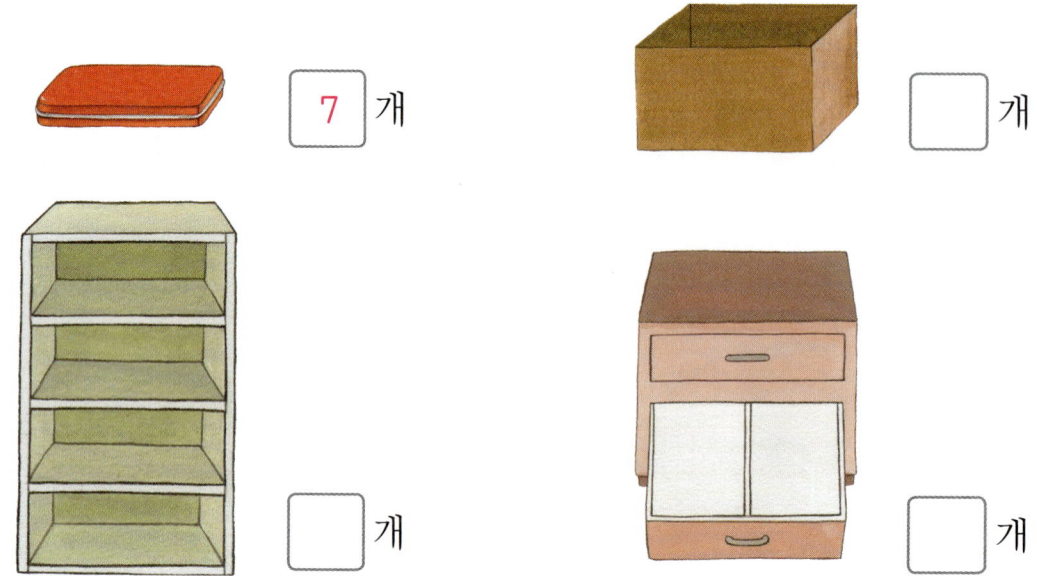

빨랫줄에 걸린 바지와 티셔츠의 개수를 세어 개수만큼 색칠하고 ☐ 안에 알맞은 수를 써넣으시오.

바 지: ☐☐☐☐☐☐☐☐☐☐ ☐ 벌

티셔츠: ☐☐☐☐☐☐☐☐☐☐ ☐ 벌

다음 그림을 보고 가장 많은 과일이나 채소는 몇 개인지 쓰시오.

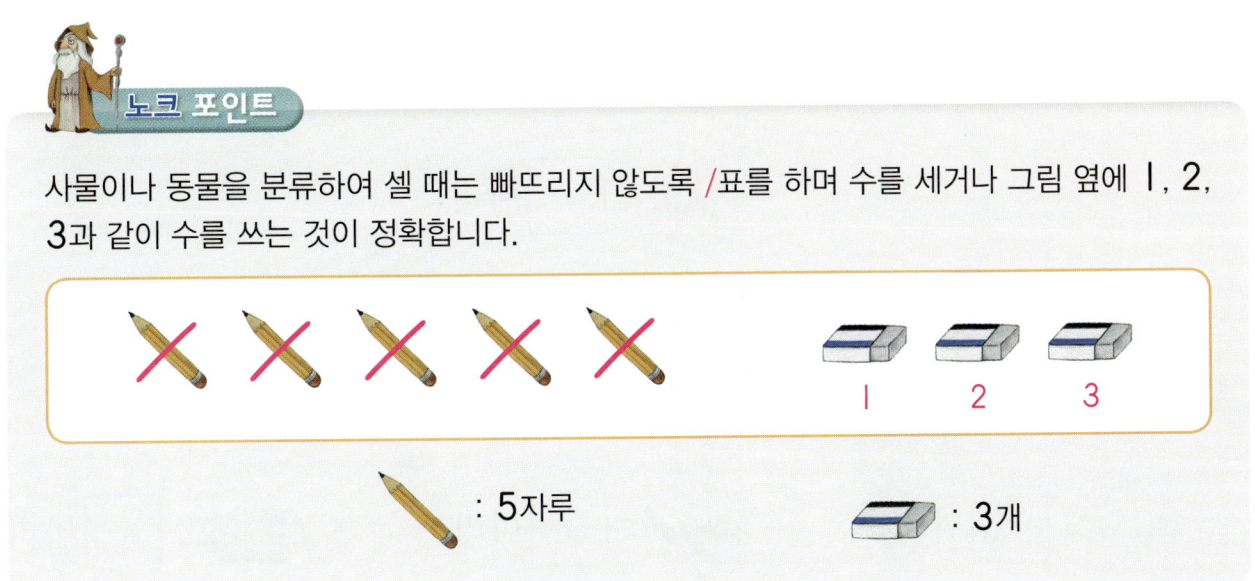

노크 포인트

사물이나 동물을 분류하여 셀 때는 빠뜨리지 않도록 /표를 하며 수를 세거나 그림 옆에 1, 2, 3과 같이 수를 쓰는 것이 정확합니다.

✎ : 5자루   ▭ : 3개

세어 보기1

그림을 보고 숲 속의 동물을 종류별로 세어 봅시다.

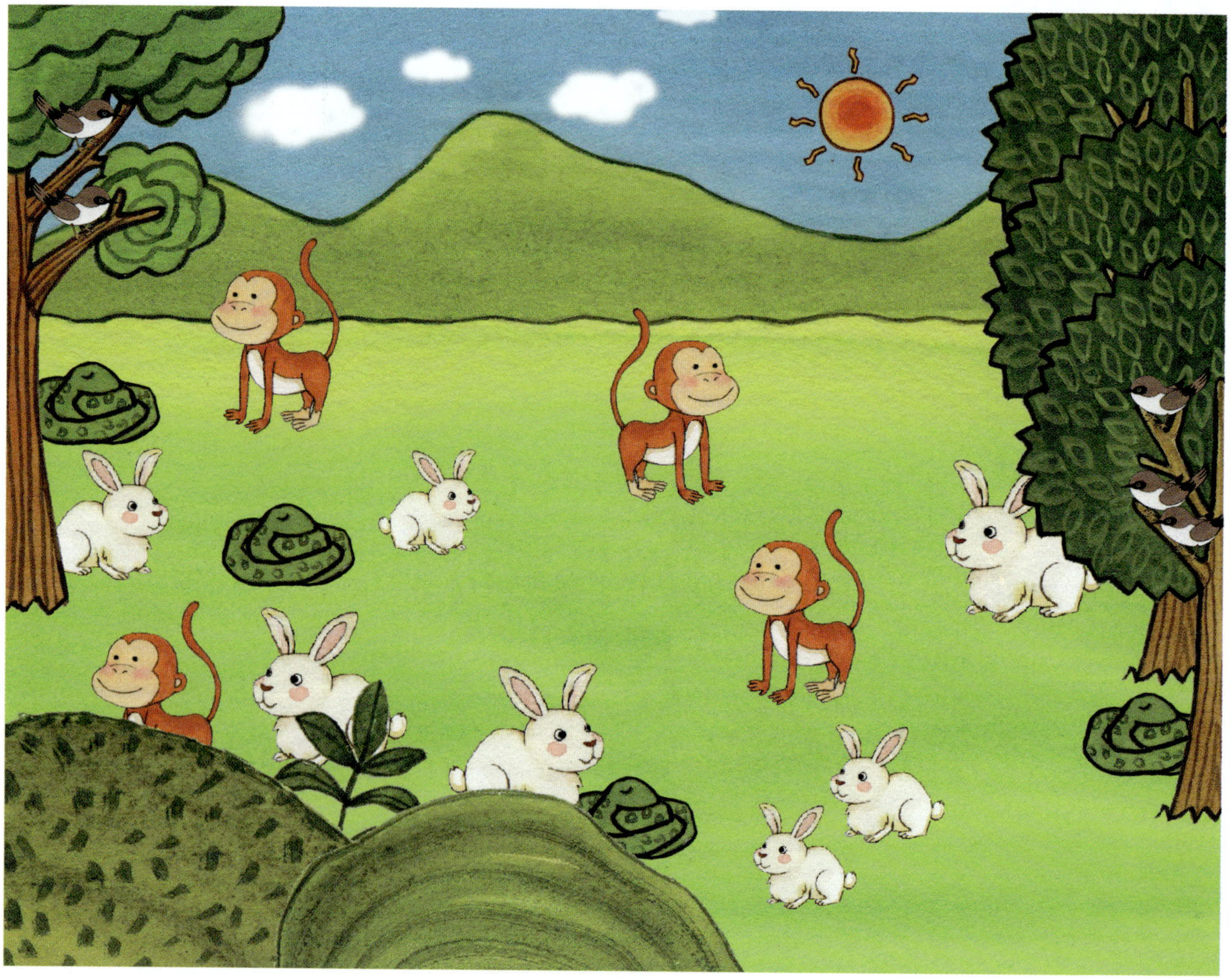

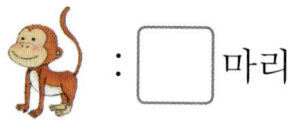

① 원숭이를 한 마리씩 /표를 하여 세어 보시오.

② 다음 동물을 세어 보시오.

1 날아가고 있는 풍선을 색깔별로 /표를 하며 개수를 세어 보고 ⬜ 안에 알맞은 수를 써넣으시오.

🎈 : ⬜ 개   🎈 : ⬜ 개   🎈 : ⬜ 개

[빵 분류하기]

2 제과점의 빵에 종류별로 /표를 하며 개수를 세어 보고 표의 빈칸에 알맞은 수를 써넣으시오.

빵	개수
🍪	
🍩	
🤎	
🔺	

세어 보기2

아인이는 동물 모양 비타민의 개수를 세어 보고 있습니다.

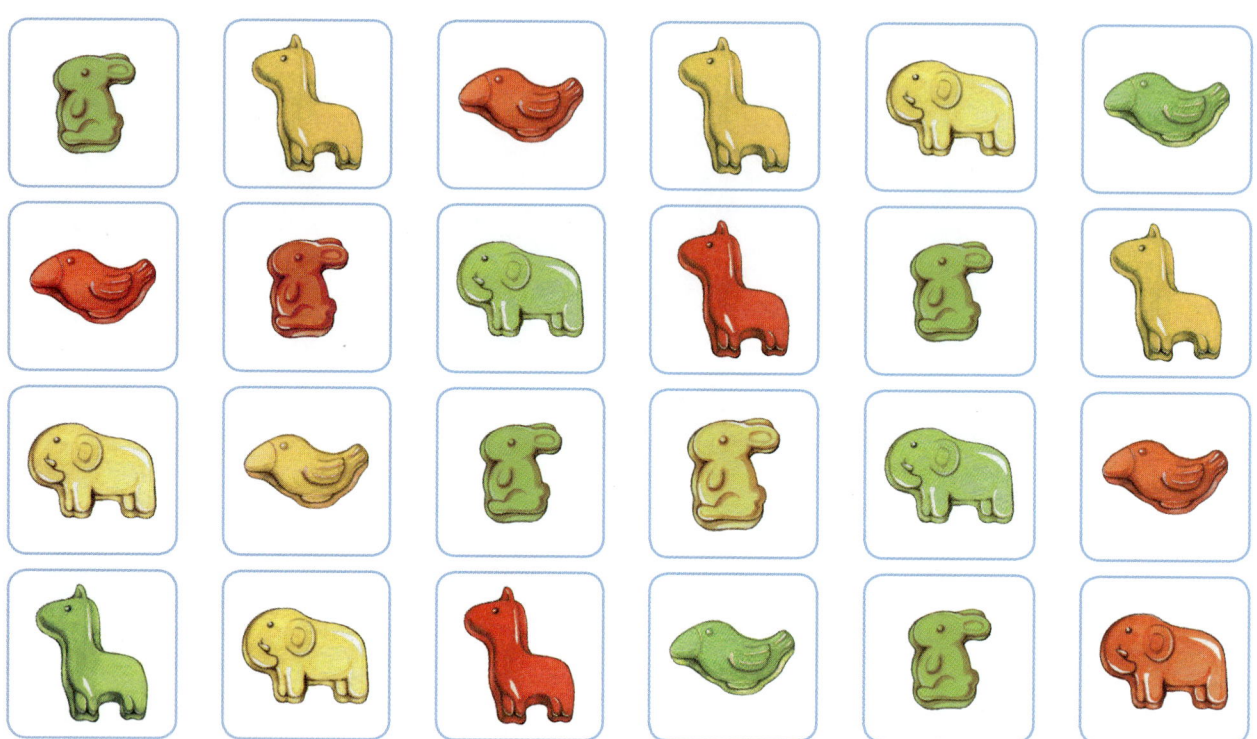

① 비타민을 색깔별로 세어 보시오.

: ☐ 개   : ☐ 개   : ☐ 개

② 비타민을 모양별로 세어 보시오.

: ☐ 개   : ☐ 개

: ☐ 개   : ☐ 개

[바나나맛 우유]

1 여러 종류의 우유가 놓여 있습니다. 바나나맛 우유는 모두 몇 개입니까?

[모양별로 세기]

2 그림을 보고 모양에 따라 개수를 세었습니다. 모양과 개수를 알맞게 선으로 이어 보시오.

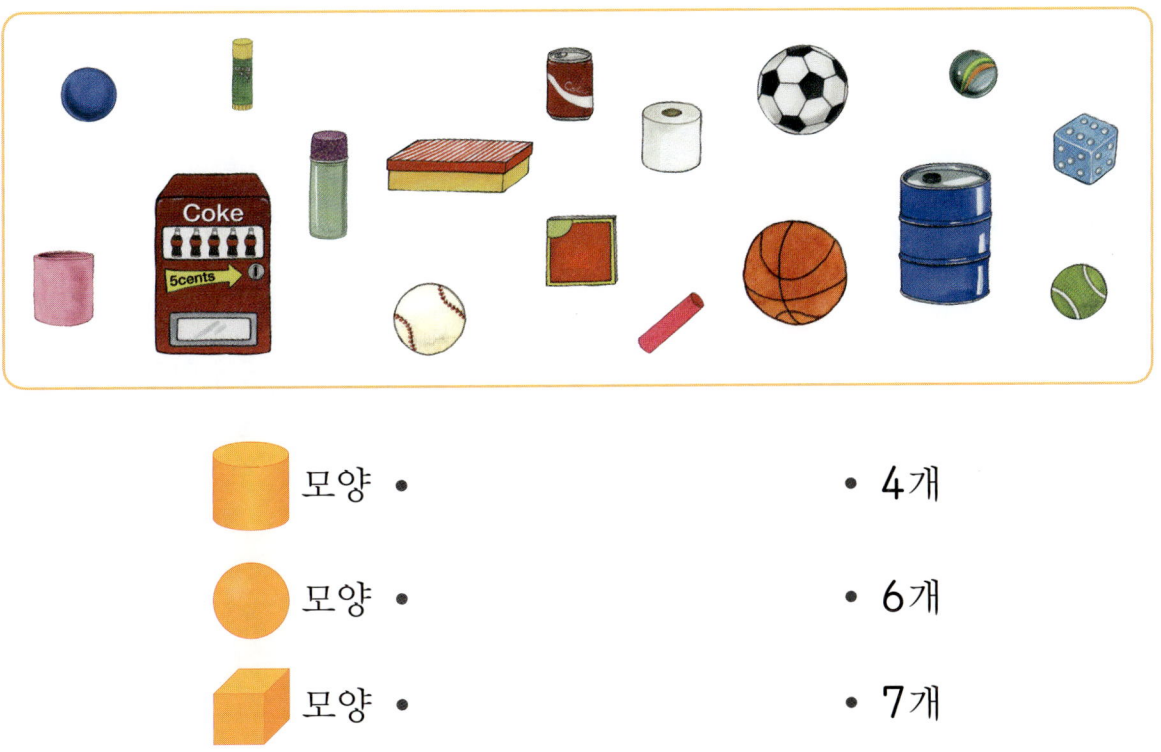

모양 •　　　　　　• 4개

모양 •　　　　　　• 6개

모양 •　　　　　　• 7개

어느 노인이 배를 타고 가던 중 폭풍우를 만나 무인도에 상륙하게 됩니다. 노인은 무인도에서 지낸 날짜를 기억하기 위해서 나무에 모양을 새겨두었습니다.

이곳에 며칠 동안 있었는지 잊지 않을거야.

노인이 나무에 새긴 모양을 탤리 마크(tally mark)라고 합니다. 탤리 마크는 물건이나 수를 하나씩 세면서 4개까지는 세로로 선을 긋다가 5개가 되면 가로로 선을 그어 5를 한 묶음으로 나타냅니다.

수	1	2	3	4	5	6	7	8
탤리														|||	|||		|||		

노인이 무인도에 상륙한 지 며칠이 지났습니까?

5씩 뛰어 세면 좀 더 빨리 셀 수 있지.

◑ 지오네 반 회장 선거의 투표 결과입니다. 누가 회장이 되었습니까?

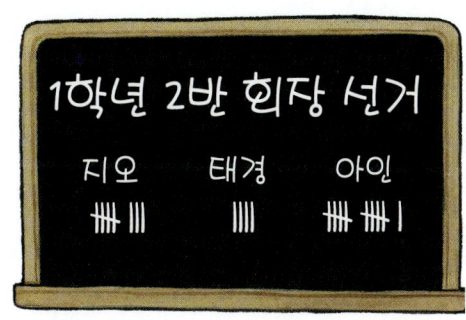

◑ 양 한 마리가 울타리 밖으로 나갈 때마다 돌을 하나씩 올려 놓았습니다. 울타리 안에 남아 있는 양이 한 마리라면 처음 울타리 안에 있던 양은 모두 몇 마리인지 구하시오.

우리는 0부터 9까지의 숫자로 수를 쓰지만 숫자가 생기기 전에는 줄에 매듭을 짓거나 나무에 모양을 새기는 등 여러 가지 방법으로 수를 표현하였습니다. 그중 몇 가지 방법은 지금도 개수를 셀 때 사용하고 있습니다. 탤리는 기록한다는 뜻을 가진 말입니다.

① 영어를 쓰는 나라의 탤리 마크: ⧴ 8

② 한자를 쓰는 나라의 탤리 마크: ⧴ 8

③ 프랑스어나 스페인어를 쓰는 나라의 탤리 마크: ⧴ 8

여러 가지 탤리 마크

우리나라에서는 한자 '바를 정(正)'자를 탤리 마크로 사용하고 프랑스어나 스페인어를 사용하는 나라에서는 상자 모양(▱)으로 탤리 마크를 사용합니다.

한국의 탤리 마크

수	1	2	3	4	5	6	7	8
탤리	一	T	F	下	正	正一	正T	正下

프랑스의 탤리 마크

수	1	2	3	4	5	6	7	8
탤리	I	⌐	⊓	▢	◸	◹I	◹⌐	◹⊓

❶ 빈칸에 수와 탤리 마크를 알맞게 채우시오.

수	한국	영국	프랑스
5	正	⁣卌	◸
	正下		
12			◸◸⌐
		卌 卌 |||	

❷ 탤리 마크는 모두 **5**를 한 묶음으로 나타냅니다. 그 이유는 무엇인지 이야기하여 봅시다.

[탤리 마크로 표현하기]

1 태경이와 지오, 아인이는 각자 좋아하는 수를 여러 가지 탤리 마크로 나타내었습니다. 빈 곳에 알맞은 탤리 마크를 나타내어 보시오.

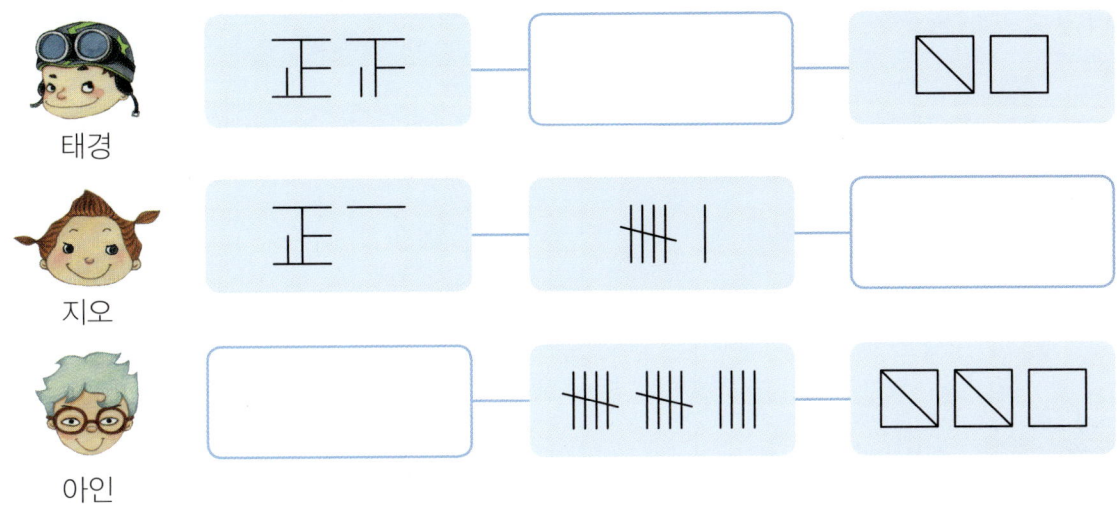

[공의 개수]

2 어느 스포츠 용품 매장에서 파는 공의 개수를 여러 가지 탤리 마크로 나타낸 것입니다. 세 번째로 많이 파는 공은 무엇입니까?

공의 종류	탤리 마크
⚽ 축구공	卌 卌 卌 |||
🏀 농구공	正 正 正 正 下
🏈 럭비공	⊠ ⊠ ⊠ ⊠ □
⚾ 야구공	卌 卌 卌 卌 卌 卌	
🎾 테니스공	⊠ ⊠ ⊠ ⊠ ⊠ □

탤리 마크로 나타내기

아인이네 반에서 모둠별로 좋아하는 과일을 조사하였습니다.

과일 \ 모둠	태양	바다	산	들
귤	ⅢⅠ(5)	‖	‖‖	⎮
복숭아		⎮	⎮	‖‖
사과	⎮	‖‖		‖
바나나	⎮		‖	

❶ 가장 많은 학생들이 좋아하는 과일은 무엇입니까?

❷ 산 모둠에서 두 번째로 많은 학생들이 좋아하는 과일은 무엇입니까?

❸ 학생 수가 가장 많은 모둠은 어느 모둠입니까?

❹ 사과를 좋아하는 학생은 바나나를 좋아하는 학생보다 몇 명이 더 많습니까?

[모양의 개수]

1 모양과 색깔에 따라 분류한 다음, 탤리 마크를 사용하여 개수를 나타내었습니다.

색깔＼모양	▲	■
빨간색	卌		｜
파란색	｜｜｜	卌
노란색	｜｜｜｜	｜｜

❶ 빨간색 모양은 모두 몇 개입니까?

❷ ■ 모양은 모두 몇 개입니까?

[학생들의 장래 희망]

2 다음은 초이네 반 학생들의 장래 희망을 조사하여 탤리 마크로 나타낸 것입니다.
두 번째로 많은 학생들이 되고 싶어하는 직업은 무엇입니까?

장래 희망	남학생	여학생
연예인	下	止
의사	丁	一
과학자	正	下
요리사	正丁	丁

9 표로 나타내기

초이네 반에서 교실 뒤에 스티커를 붙여서 가장 좋아하는 음식을 조사하였습니다.

우리 반 친구들은 어떤 음식을 가장 많이 좋아할까?

떡볶이 김밥 어묵 자장면

초이네 반 학생들의 음식별 좋아하는 학생 수를 한눈에 알아볼 수 있도록 다음 표를 완성해 보시오.

좋아하는 음식

음식				
학생 수	3			

가장 많은 학생들이 좋아하는 음식부터 차례로 쓰시오.

같은 색깔의 공깃돌이 몇 개씩 있는지 알기 위해 표를 만들었습니다. ☐ 안에 알맞은 수를 써넣으시오.

공깃돌 수

색깔	노란색	파란색	보라색
개수 (개)	5	9	6

파란색 공깃돌이 ☐개로 가장 많고, 노란색 공깃돌이 ☐개로 가장 적습니다. 공깃돌은 모두 ☐개입니다.

 노크 포인트

좋아하는 과일을 모두 한 번씩 적는 것보다 표를 사용하여 나타내면 어떤 과일을 좋아하는 사람이 몇 명인지 한눈에 알 수 있습니다.

우리 반 학생들이 좋아하는 과일

김경호: 복숭아, 김지용: 사과, 정한울: 귤, 이우용: 바나나
박찬웅: 귤, 이선이: 귤, 최찬호: 복숭아, 반정환: 사과
⋮

↓

좋아하는 과일

과일	복숭아	사과	귤	바나나
학생 수	5	3	6	7

표로 나타내기

태경이가 종이컵을 여러 번 바닥에 던져서 떨어진 모양을 조사했습니다.

회	1회	2회	3회	4회	5회
모양					

회	6회	7회	8회	9회	10회
모양					

❶ 종이컵이 똑바로 선 것( )은 몇 회인지 모두 쓰시오.

❷ 종이컵이 거꾸로 선 것( )은 몇 회인지 모두 쓰시오.

❸ 종이컵이 옆으로 누운 것( )은 몇 회인지 모두 쓰시오.

❹ 종이컵을 던진 결과를 보고 다음 표를 완성해 보시오.

종이컵이 떨어진 모양

모양			
횟수(번)			

[동전 던지기]

1 100원짜리 동전을 던져서 나온 면입니다. 면을 보고 표를 완성하시오.

회	1회	2회	3회	4회	5회
나온 면	인물면	100	인물면	인물면	100
회	6회	7회	8회	9회	10회
나온 면	인물면	100	100	100	인물면

동전을 던져서 나온 면

나온 면	인물면	100
나온 횟수(번)		

[맛 평가하기]

2 분식점에서 손님들이 음식을 먹고 난 후 맛을 평가하여 스티커를 하나씩 붙였습니다. 표의 빈칸에 알맞은 수를 써넣으시오.

● 맛있음 ● 보통 ● 맛없음

음식의 평가 수

음식	떡볶이	김밥	어묵
평가 수	10		

맛 평가 수

맛	맛있음	보통	맛없음
평가 수			

표 완성하기

초이네 반에서 안경을 쓴 남학생과 여학생을 조사했는데 표의 일부가 지워졌습니다. 지워지지 않은 부분을 보고 지워진 부분의 수를 알아봅시다.

안경＼성별	남자	여자	합계
안경을 쓴 사람			11
안경을 쓰지 않은 사람	9		
합계	15	13	

❶ 초이네 반 학생은 모두 몇 명입니까?

이것도 몰라!

표에서 합계는 표의 가로나 세로의 수의 합을 나타내.

❷ 안경을 쓴 남학생은 몇 명입니까?

❸ 안경을 쓴 여학생은 몇 명입니까?

❹ 안경을 쓰지 않은 여학생은 몇 명입니까?

1 **학생들이 좋아하는 과일을 조사하여 표로 만든 것입니다.**

과일	사과	배	바나나	합계
남학생	7	5	4	16
여학생	5		5	13
합계		8		29

❶ 사과를 좋아하는 학생은 바나나를 좋아하는 학생보다 몇 명 더 많습니까?

❷ 배를 좋아하는 여학생은 몇 명입니까?

[물건 정리]

2 **다음은 물건을 색깔과 모양별로 정리한 표입니다. 빈칸에 알맞은 수를 써넣으시오.**

색깔＼모양	세모	네모	동그라미	합계
빨간색	3		7	
파란색		6		12
합계	8	8	8	

1 다음은 점과 선으로 수를 나타낸 탤리 마크입니다. 빈 곳에 알맞은 수나 탤리 마크를 넣으시오.

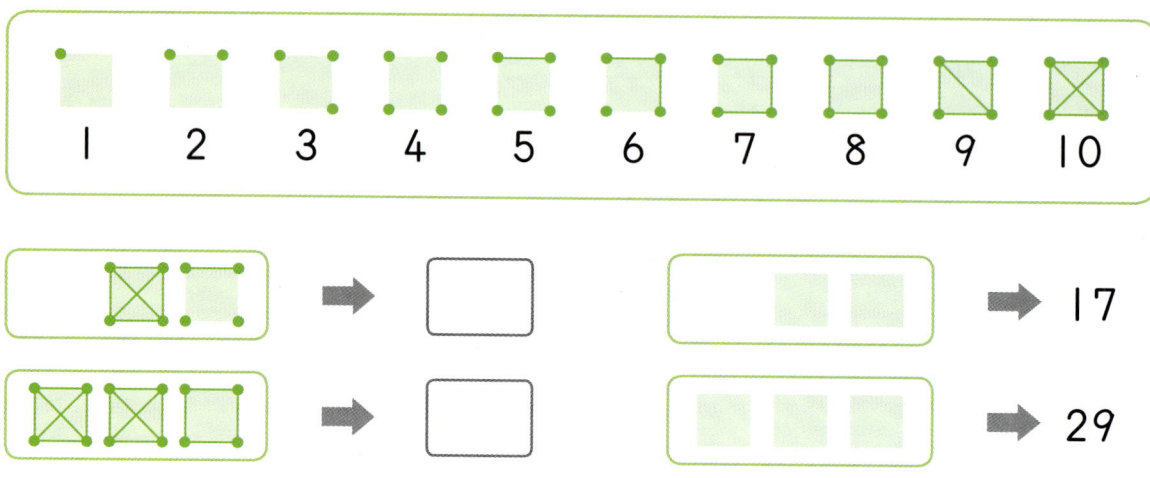

2 아인이는 집에 있는 쿠키를 모양별로 개수를 세어 표로 만들어 두었습니다.

집에 있는 쿠키

모양	♥	★	●
개수	7	5	7

다음은 동생이 먹고 남긴 쿠키입니다. 동생이 가장 많이 먹은 쿠키의 모양을 그리시오.

먹고 남은 쿠키

3 음악반과 미술반 학생들이 좋아하는 간식을 조사해서 표로 나타내었는데 한 칸의 수를 잘못 적었습니다. 잘못 적은 수를 찾아 바르게 고치시오.

간식 반	피자	떡볶이	도너츠	합계
음악반	6	4	4	14
미술반	5	9	5	16
합계	11	13	6	30

4 학생들이 좋아하는 동물을 조사하여 표를 만들었는데 실수로 종이가 찢어졌습니다. 사슴을 좋아하는 학생 수를 구하시오.

동물	토끼	사슴	사자	합계
남학생			9	16
여학생	6		2	13
합계	9			

Chapter 4

방법의 가짓수

아인이는 대공원에 놀러 가기로 하였습니다. 그런데 마음에 드는 옷을 꺼내 놓고 어떻게 입고 나갈지 결정을 하지 못하고 있습니다.

아인이가 옷을 입을 수 있는 방법이 몇 가지인지 선으로 이어 보시오.

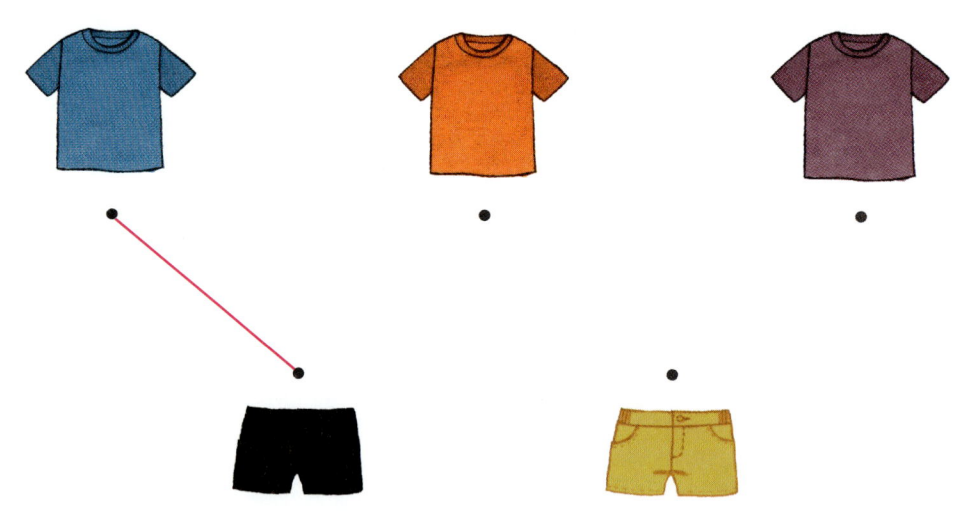

옷을 입는 방법은 모두 몇 가지입니까?

🌀 옷을 입는 방법을 색칠하여 나타내어 보시오. 모두 몇 가지입니까?

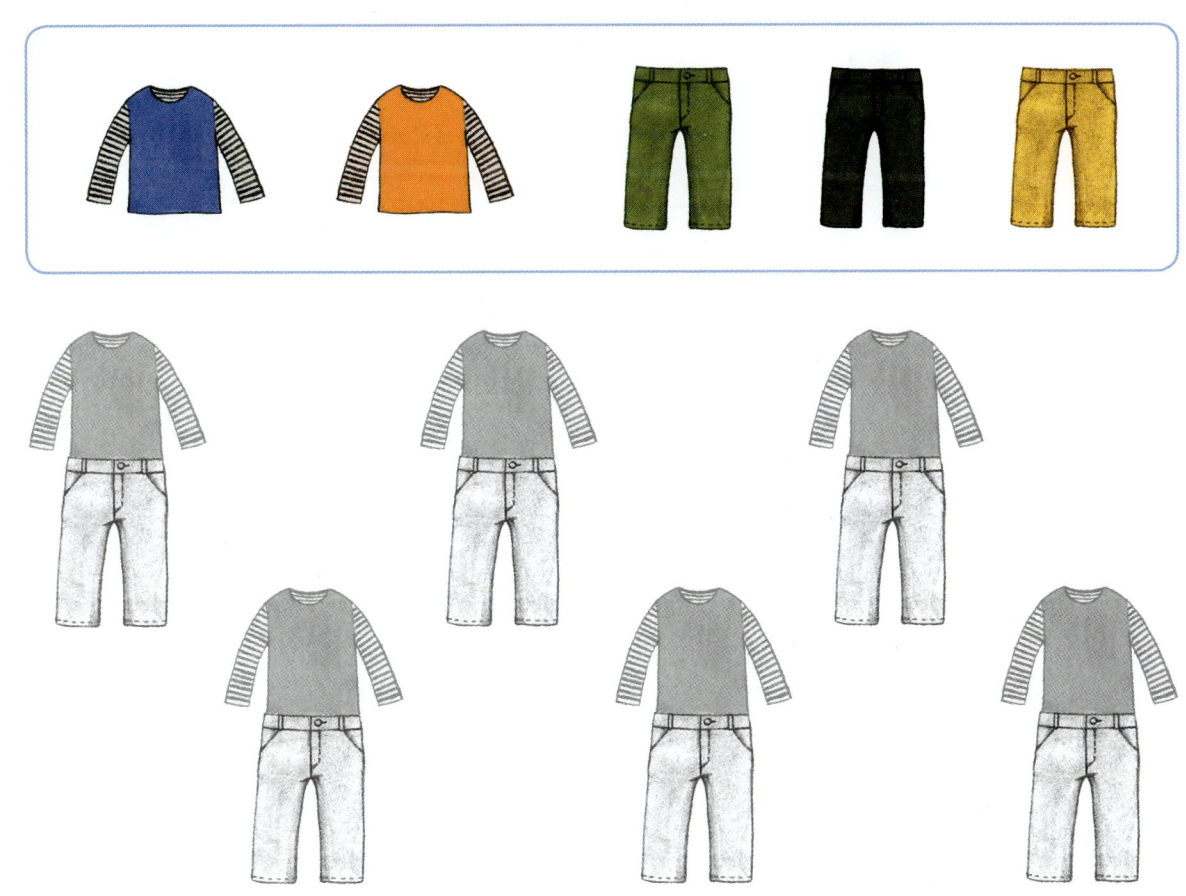

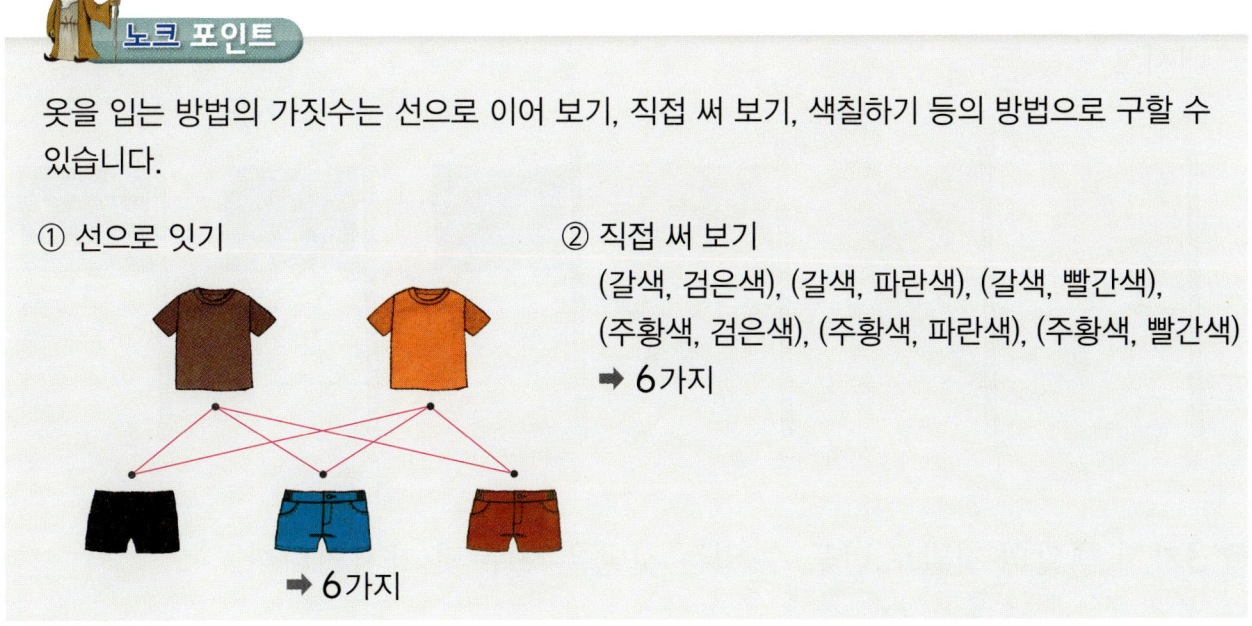

노크 포인트

옷을 입는 방법의 가짓수는 선으로 이어 보기, 직접 써 보기, 색칠하기 등의 방법으로 구할 수 있습니다.

① 선으로 잇기

➡ 6가지

② 직접 써 보기
(갈색, 검은색), (갈색, 파란색), (갈색, 빨간색),
(주황색, 검은색), (주황색, 파란색), (주황색, 빨간색)
➡ 6가지

가짓수 구하기

3가지 색깔의 깃발 중 2개를 달아서 만들 수 있는 깃발이 몇 가지인지 알아봅시다. (단, 같은 색 깃발을 사용할 수도 있습니다.)

❶ 위에 빨간색 깃발을 달았을 때 아래에 달 수 있는 깃발을 색칠하여 나타내시오.

❷ 위에 노란색과 파란색 깃발을 달았을 때 아래에 달 수 있는 깃발을 색칠하여 나타내시오.

❸ 3가지 색깔의 깃발로 만들 수 있는 깃발은 모두 몇 가지입니까?

[아이스크림 고르기]

1 3가지 맛 아이스크림을 파는 가게가 있습니다. 아인이와 지오가 아이스크림을 1개씩 고르는 방법을 모두 나타낸 것입니다. 빈칸에 알맞은 아이스크림의 기호를 쓰시오.

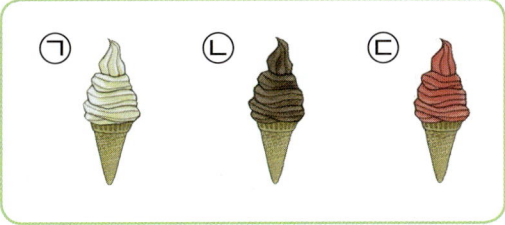

아인	지오
㉠	㉠
㉠	
㉠	㉢

아인	지오
㉡	㉠
㉡	㉡
㉡	

아인	지오
㉢	
㉢	㉡
㉢	㉢

[모자와 안경 쓰기]

2 모자와 안경을 하나씩 써 보는 방법은 모두 몇 가지입니까? (단, 모자와 안경을 모두 써야 합니다.)

이것도 몰라!

모자 하나를 정하고 나면 안경은 몇 개를 써 볼 수 있지?

 # 색칠하기

로켓을 위, 중간, 아래의 3부분으로 나누어 색칠합니다. 모두 몇 가지 로켓이 만들어지는지 색칠해 봅시다.

같은 색을 여러 번 사용할 수도 있어.

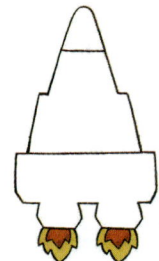

: 빨간색
: 파란색
: 보라색

하지만 붙어 있는 부분은 다른 색으로 칠해야 해.

❶ 윗부분을 빨간색으로 색칠하면 중간 부분은 파란색과 보라색으로 색칠할 수 있습니다. 아랫 부분을 색칠해 보시오.

❷ 윗부분이 파란색 또는 보라색인 로켓을 색칠해 보시오.

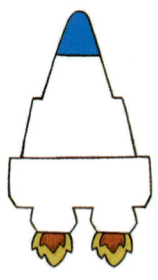   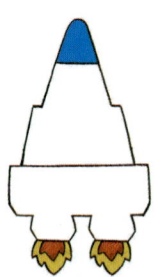   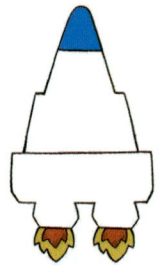   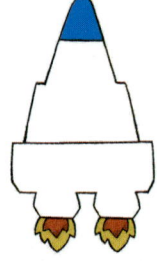

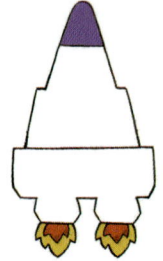   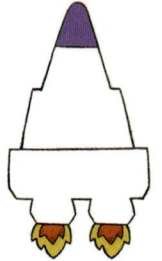   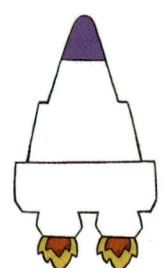   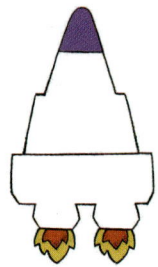

1 [감자와 고구마]
지오와 초이가 밭에 고구마와 감자를 2칸씩 심으려고 합니다. 고구마와 감자를 심는 방법은 모두 몇 가지인지 구하시오.

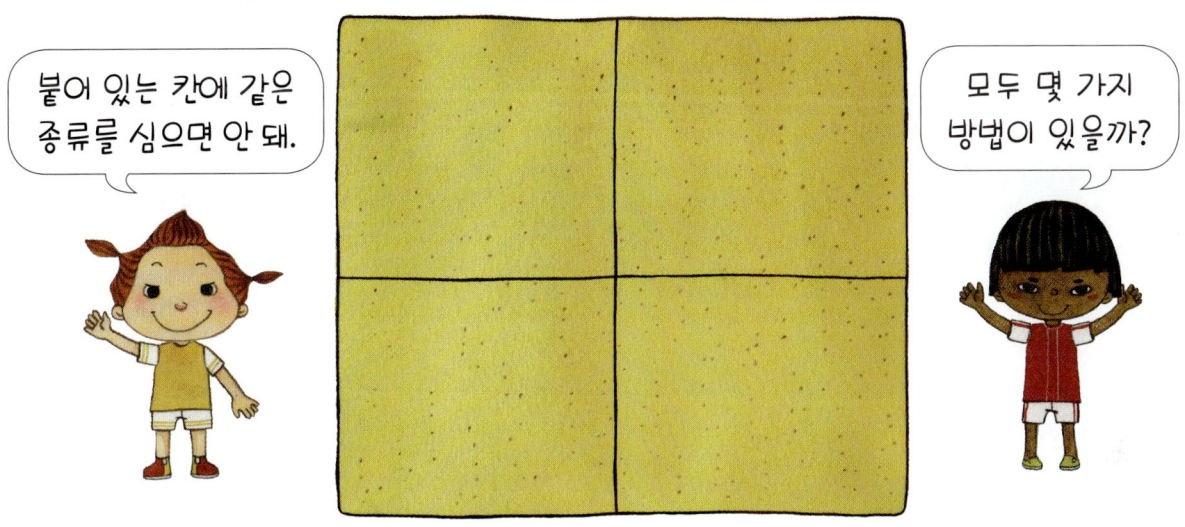

붙어 있는 칸에 같은 종류를 심으면 안 돼.

모두 몇 가지 방법이 있을까?

2 [색칠하는 방법]
도형의 3부분에 2개의 색을 골라 색칠하려고 합니다. 붙어 있는 부분은 다른 색깔로 색칠할 때, 색칠할 수 있는 방법은 모두 몇 가지입니까?

: 빨간색

: 파란색

: 초록색

11 길의 가짓수

아인이는 매일 같은 길로 학교에 갑니다. 아인이가 학교에 가는 길은 그림과 같습니다.

아인이가 집에서 학교까지 갈 수 있는 방법을 모두 그려 보시오. (단, 같은 길을 두 번 지나가지 않습니다.)

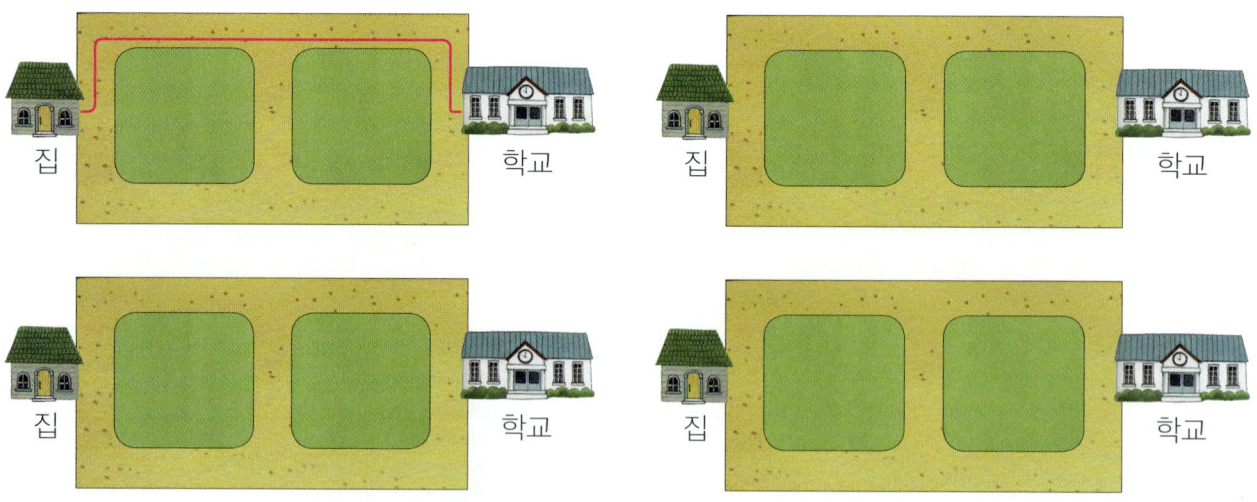

집에서 학교까지 가는 방법은 모두 몇 가지입니까?

개미가 쿠키가 있는 곳까지 가는 길을 모두 그려 보시오. (단, 같은 길을 두 번 지나가지 않습니다.)

집에서 놀이터까지 가는 길은 모두 몇 가지가 있는지 구하시오. (단, 같은 길을 두 번 지나가지 않습니다.)

노크 포인트

길의 가짓수는 갈림길에서 여러 방향으로 가는 길을 차례로 그려 보면 모두 찾을 수 있습니다.

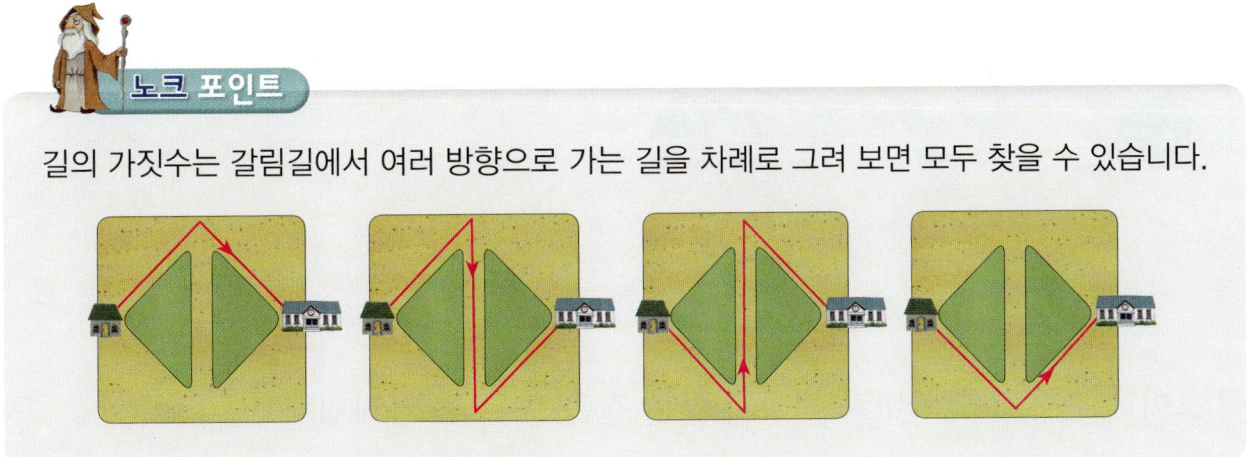

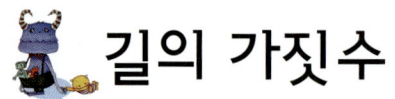

길의 가짓수

초이네 집에서 할아버지 댁까지 가는 길을 그림으로 나타낸 것입니다. 할아버지 댁까지 가는 길은 모두 몇 가지입니까? (단, 같은 길을 두 번 지나가지 않습니다.)

❶ 할아버지 댁까지 가는 길을 모두 그려 보시오.

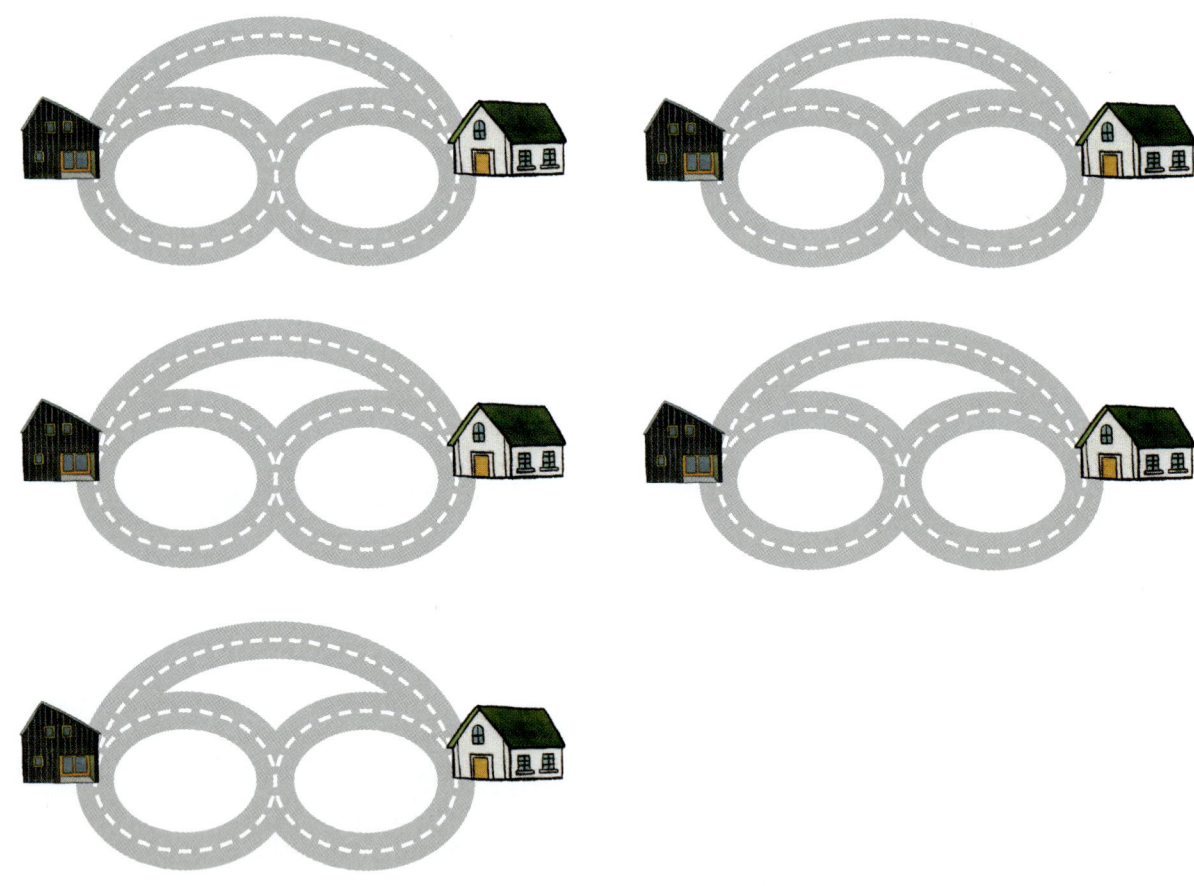

❷ 초이네 집에서 할아버지 댁까지 가는 길은 모두 몇 가지입니까?

1 [다리 건너기]
아인이네 마을과 지오네 마을 사이에 다음과 같이 다리가 놓여 있습니다. 아인이네 마을에서 지오네 마을로 갈 수 있는 방법은 모두 몇 가지입니까?

아인이네 마을   지오네 마을

2 [길의 가짓수]
고양이가 쥐가 있는 곳까지 이동하는 방법은 모두 몇 가지입니까? (단, 갔던 곳을 다시 가거나 같은 길을 두 번 지나가지 않습니다.)

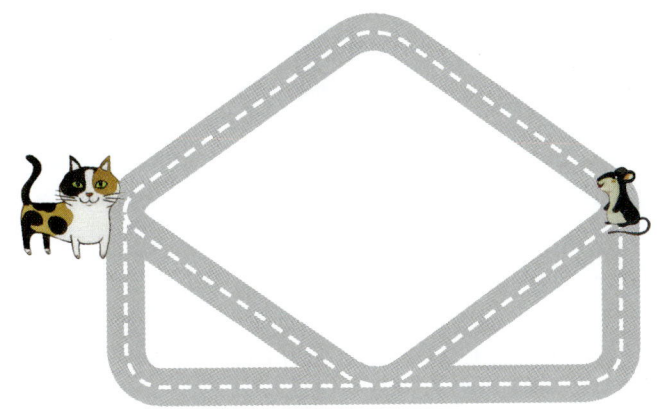

집까지 가는 방법

초이가 놀이터를 거쳐서 집으로 가려고 합니다. 덧셈을 이용하여 길의 가짓수를 구해 봅시다. (단, 갔던 곳을 다시 가거나 같은 길을 두 번 지나가지 않습니다.)

출발!

놀이터　　　집

❶ 초이가 놀이터까지 가는 길은 몇 가지입니까?

❷ 초이가 화살표 방향으로 출발할 때 집까지 가는 길을 모두 그려 보시오.

❸ 초이가 화살표 방향으로 출발할 때 집까지 가는 길의 가짓수를 ☐ 안에 써넣으 시오.

☐ 가지　　　　　　　☐ 가지

❹ 다음 식을 완성하여 집으로 가는 길은 모두 몇 가지인지 구하시오.

$$\boxed{2} + \boxed{} + \boxed{} = \boxed{} \text{(가지)}$$

1 [벌집까지 가는 방법]
꿀벌이 꽃에게 가서 꿀을 얻은 다음 벌집까지 가는 방법은 모두 몇 가지입니까?
(단, 갔던 곳을 다시 가거나 같은 길을 두 번 지나가지 않습니다.)

2 [등산]
지오와 아버지가 등산을 하려는 산 입구에는 다음과 같은 길 안내 표지판이 있습니다. 지오와 아버지가 산 정상에 갔다가 내려오는 방법은 모두 몇 가지입니까?

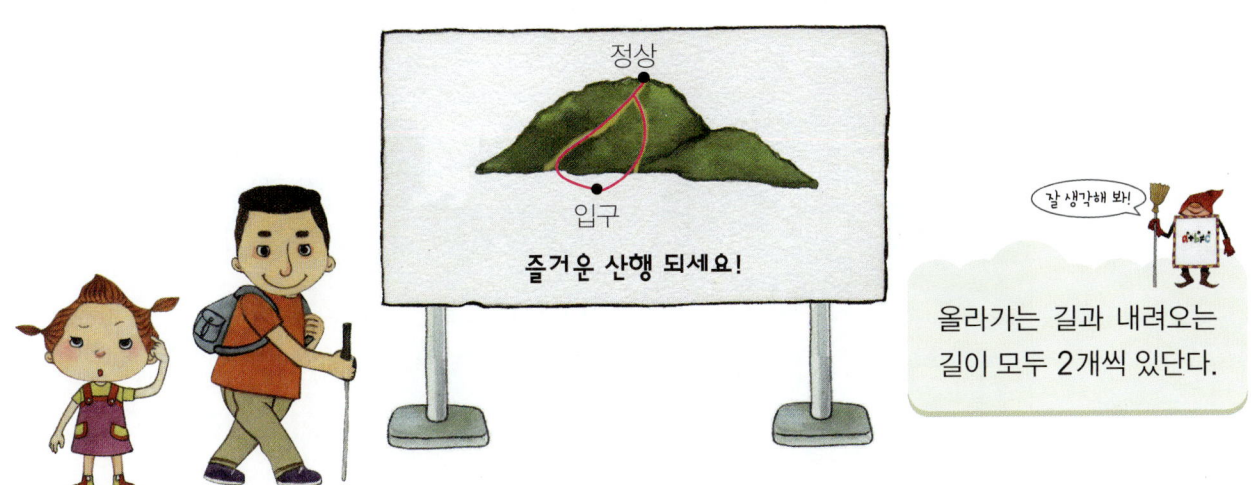

잘 생각해 봐!

올라가는 길과 내려오는 길이 모두 2개씩 있단다.

태경이가 지오에게 학교 가는 길을 설명하고 있습니다.

집에서 학교까지 가는 가장 짧은 길을 모두 그려 보시오.

🔔 가장 짧은 길이면 ◯표, 가장 짧은 길이 아니면 ✕표 하시오.

🔔 가에서 나까지 가는 가장 짧은 길을 모두 그려 보시오.

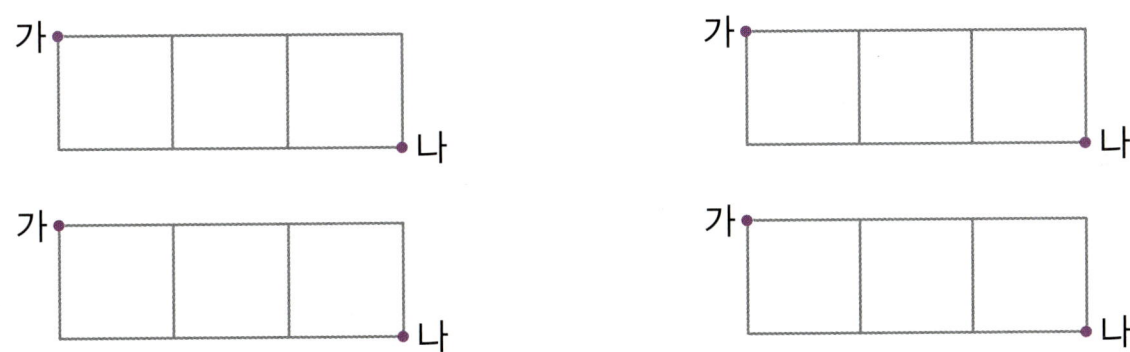

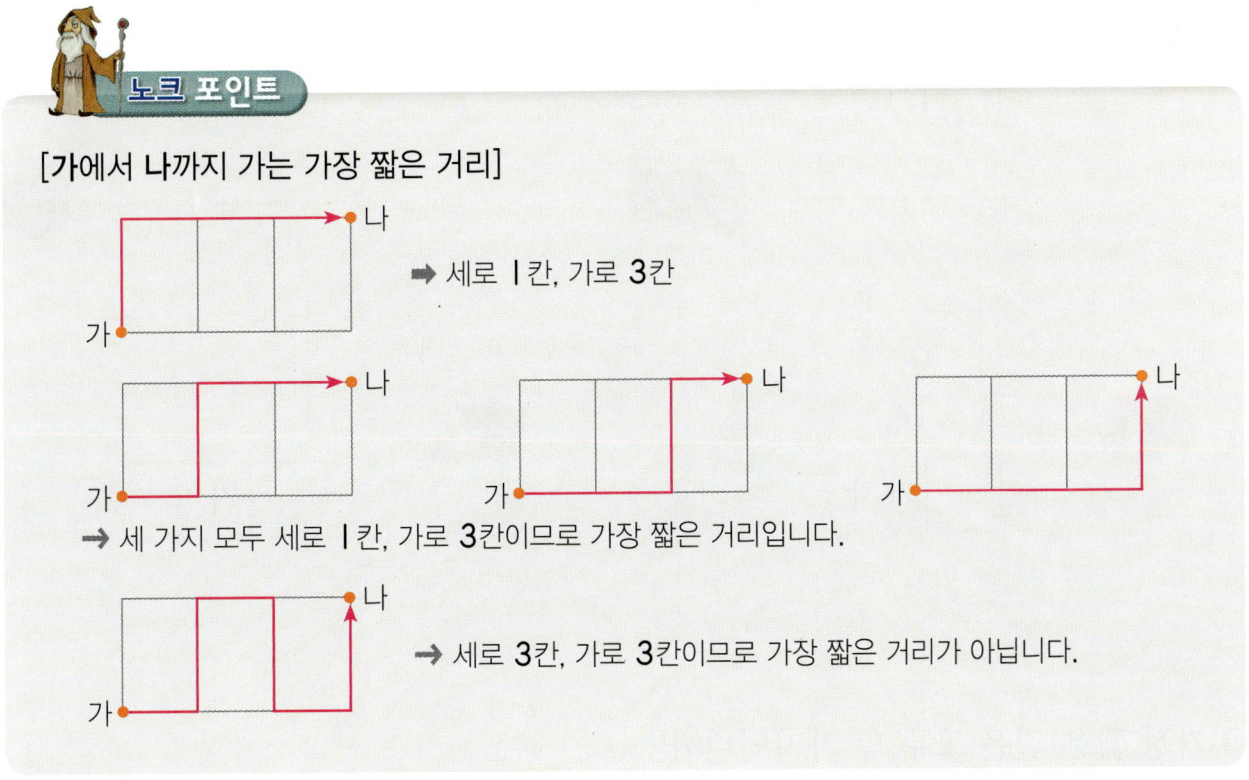

노크 포인트

[가에서 나까지 가는 가장 짧은 거리]

➡ 세로 1칸, 가로 3칸

→ 세 가지 모두 세로 1칸, 가로 3칸이므로 가장 짧은 거리입니다.

→ 세로 3칸, 가로 3칸이므로 가장 짧은 거리가 아닙니다.

최단 거리의 가짓수

집에서 마트까지 가는 가장 짧은 길의 가짓수를 구해 봅시다.

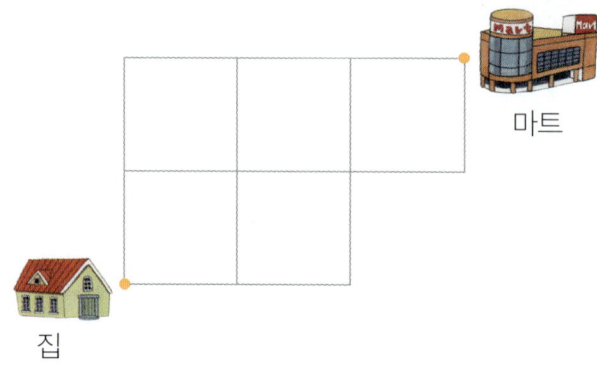

마트

집

❶ 집에서 출발하여 다음과 같이 **2**칸을 이동한 곳부터 마트까지 가는 가장 짧은 길의 가짓수를 구해 보시오.

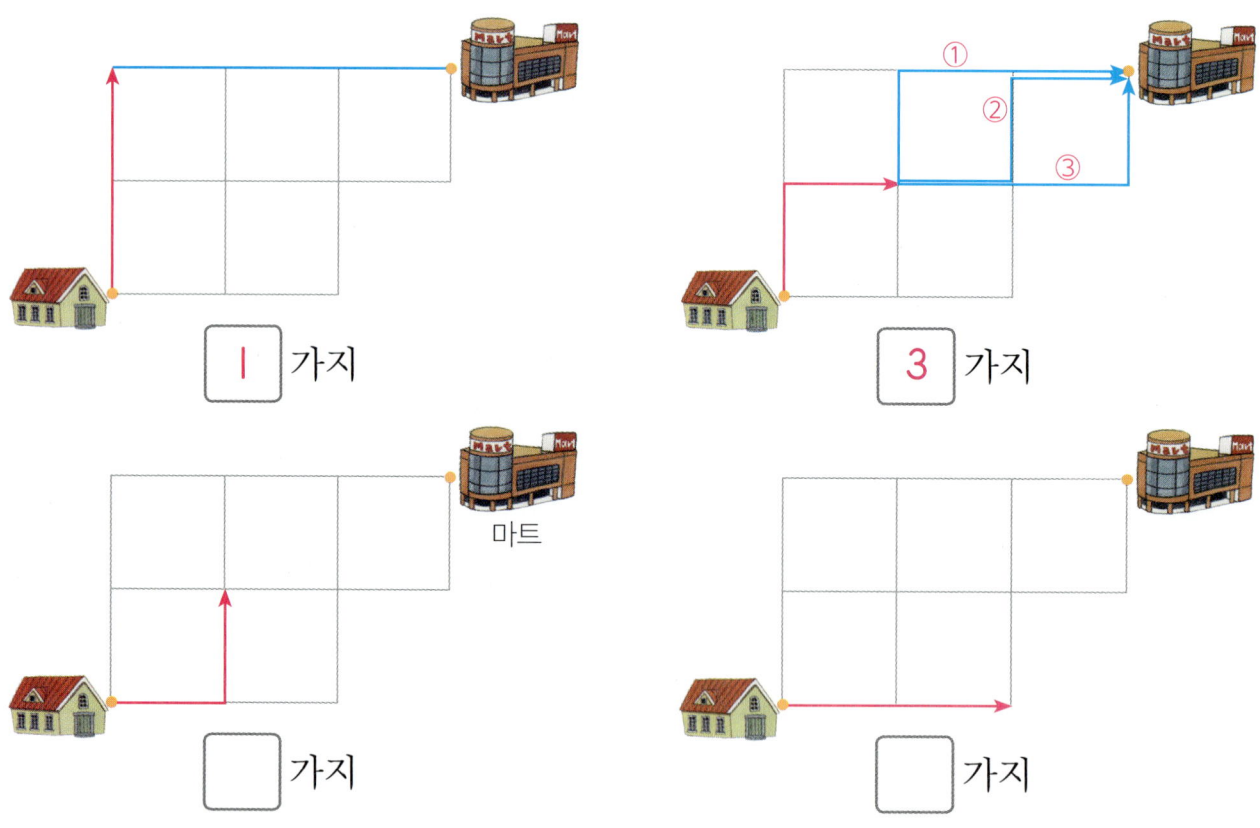

❷ 가장 짧은 길은 모두 몇 가지입니까?

1

[가장 짧은 길의 가짓수]

가에서 한 칸을 이동하는 두 가지 방법을 나타낸 것입니다. 가에서 나까지 가는 가장 짧은 길의 가짓수를 구하시오.

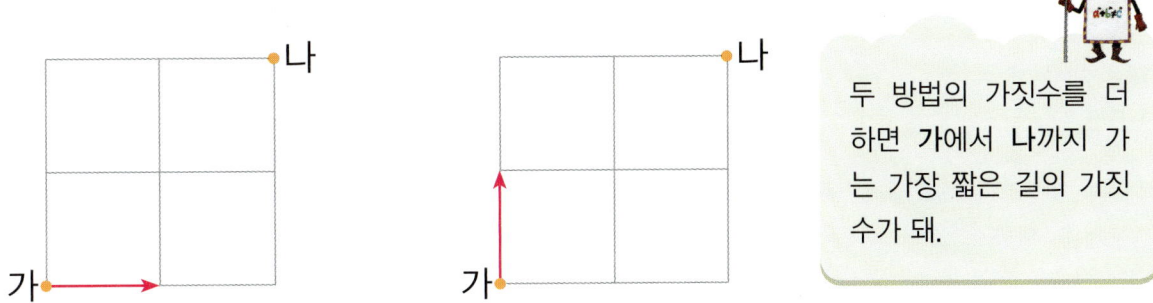

> 잘 생각해 봐!
>
> 두 방법의 가짓수를 더하면 **가**에서 **나**까지 가는 가장 짧은 길의 가짓수가 돼.

2

[문구점에 가는 빠른 길]

집에서 문구점까지 가는 가장 짧은 길의 가짓수를 구하시오.

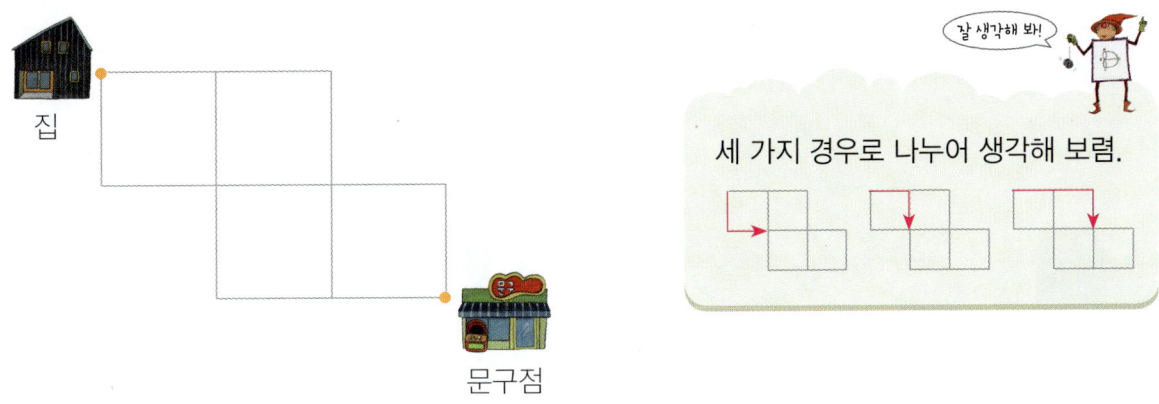

> 잘 생각해 봐!
>
> 세 가지 경우로 나누어 생각해 보렴.

벌집 모양의 길

집에서 학교까지 가는 가장 짧은 길을 찾아봅시다.

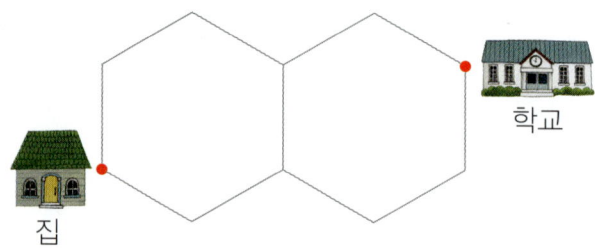

❶ 다음과 같이 길 하나의 거리를 모두 **|** 이라고 할 때, 집에서 학교까지 가는 가장 짧은 길의 거리를 구하시오.

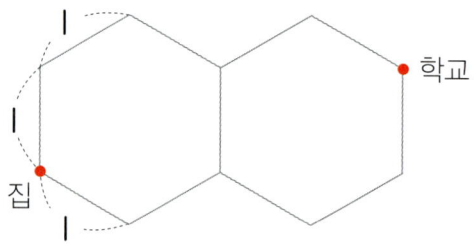

❷ 집에서 학교까지 가는 길 중 ❶에서 구한 거리와 같은 길을 모두 그려 보시오.

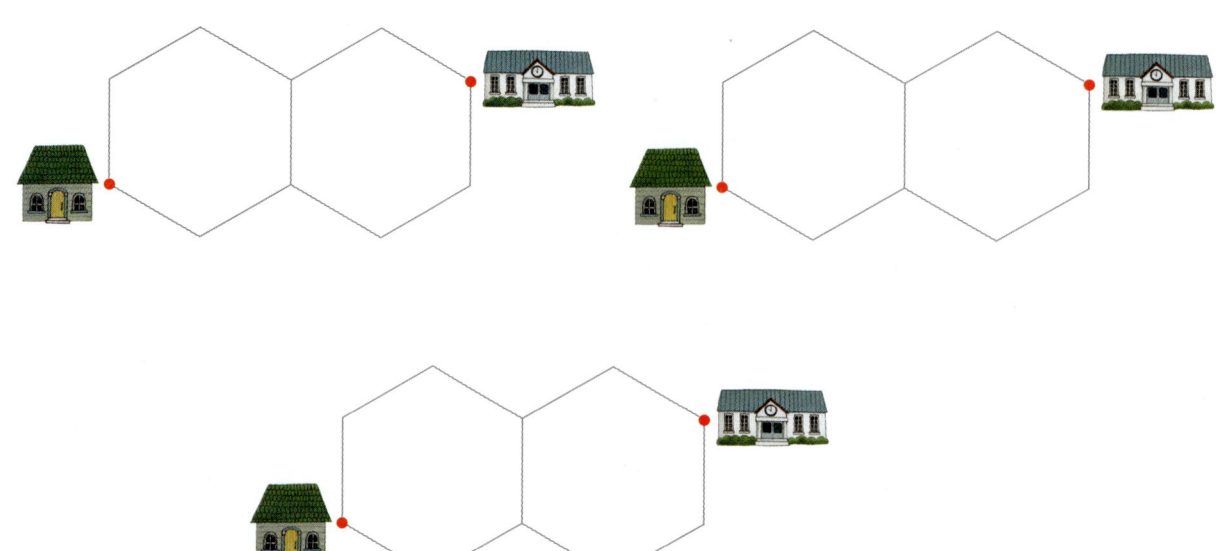

1 초이네 집에서 출발하여 가장 짧은 거리가 5인 곳에 모두 ◯표 하시오. (단, 길 하나의 거리는 모두 1입니다.)

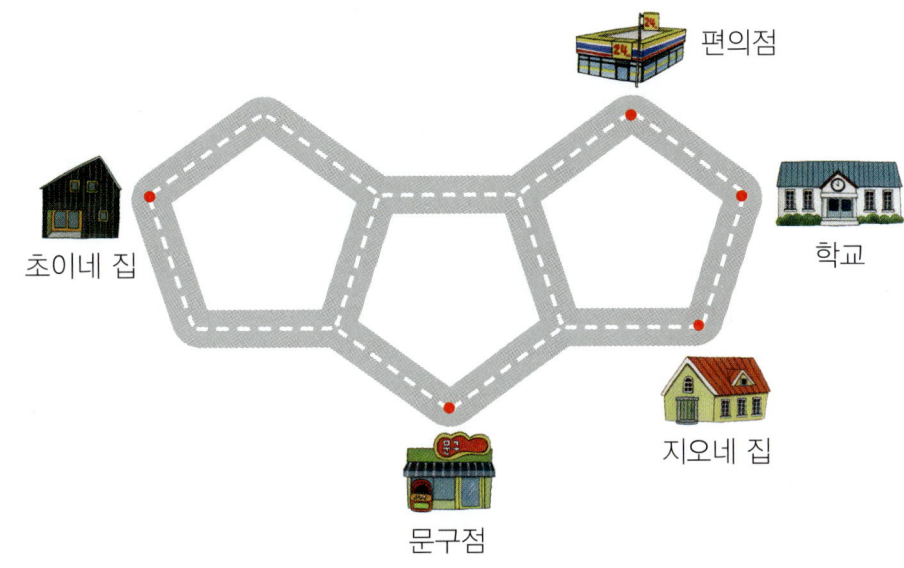

2 학교에서 출발하여 도서관까지 가는 가장 짧은 길은 모두 몇 가지인지 구하시오.

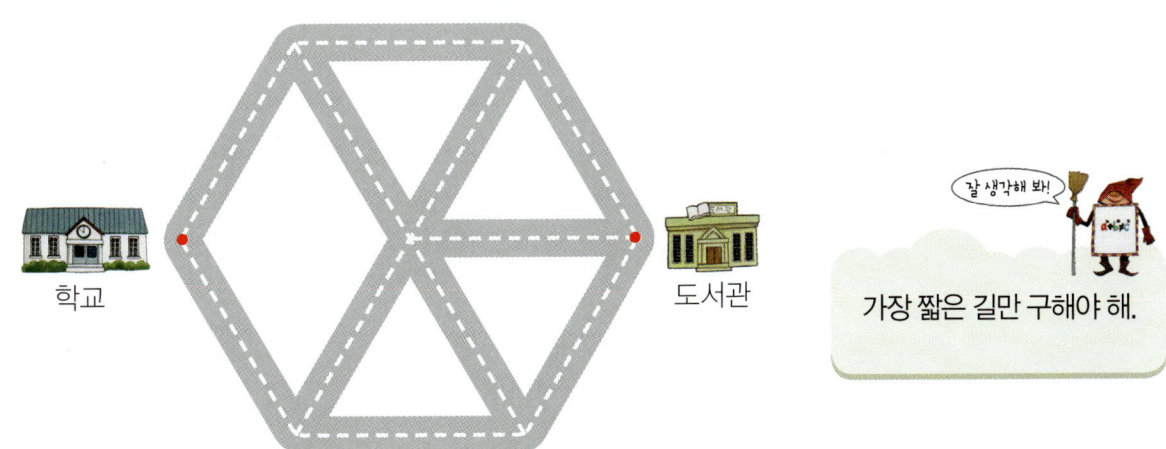

잘 생각해 봐!

가장 짧은 길만 구해야 해.

창의적 문제해결력

1 다음 그림에서 ㉠에서 ㉡까지 갈 수 있는 방법은 모두 몇 가지인지 구하시오.
(단, 갔던 곳을 다시 가거나 같은 길을 두 번 지나가지 않습니다.)

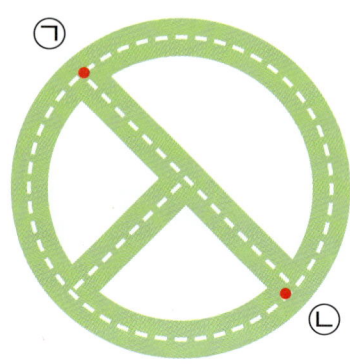

2 지오네 집에서 문구점을 거쳐 학교까지 가는 가장 짧은 길은 모두 몇 가지인지
구하시오.

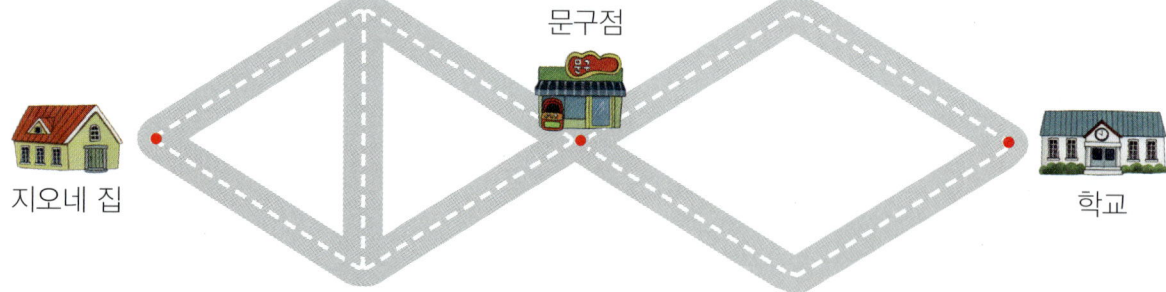

3 가에서 나까지 가는 가장 짧은 길은 모두 몇 가지인지 구하시오.

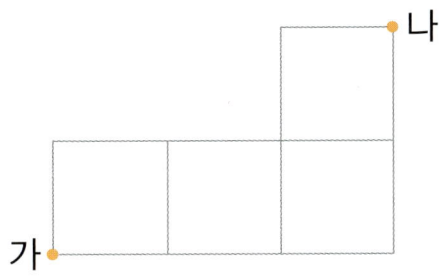

4 초이네 집에서 이모님 댁까지 갈 수 있는 가장 짧은 길은 모두 몇 가지가 있는지 구하시오. (단, 호수가 있는 길은 지나갈 수 없습니다.)

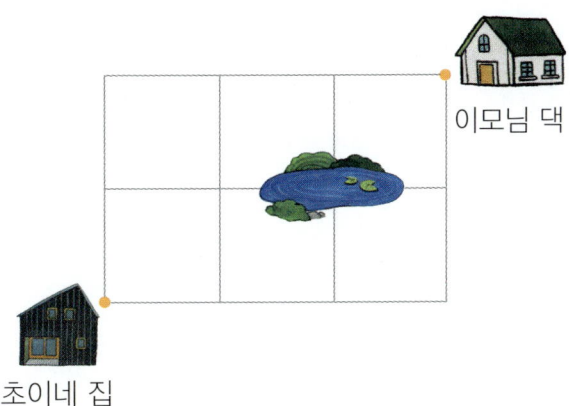

MEMO

정답및 해설

천재교육

누구나 **쉽고 재미있게**
사고력
수학
노크

정답 및 해설

누구나
쉽고 재미있게

사고력 수학

노크

A8
(8~9세)

경우의 수와 통계

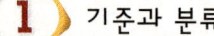

1 기준과 분류

태경이 옷장의 1층 서랍에는 바지가 들어 있고 2층 서랍에는 셔츠가 들어 있습니다. 태경이는 외출하기 위해서 옷장에서 옷을 고르고 있습니다.

긴팔 셔츠와 반바지를 입고 싶은데 쉽게 찾을 수가 없어.

태경

찾기 쉽게 마법으로 서랍에 있는 옷을 분류해 줄게.

요정이 주문을 걸어 셔츠를 긴팔 셔츠와 반팔 셔츠로 분류하고, 바지를 긴바지와 반바지로 분류했습니다. ☐ 안에 알맞은 옷을 쓰시오.

2층 서랍

긴팔 셔츠   반팔 셔츠

1층 서랍

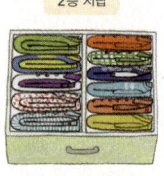

긴바지   반바지

✦ 다음 중 글씨를 쓸 수 있는 것만 모아 놓은 것은 어느 것입니까?   **나**

가   나   다

✦ 빨간색 채소를 모두 찾아 기호를 쓰시오.

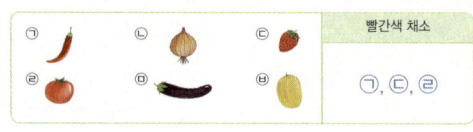	빨간색 채소
	㉠, ㉢, ㉣

🦉 **도크 포인트**

물건을 분류해 두면 찾기도 편리하고 기억하기도 쉽습니다.
만약 신발장에 신발이 모두 섞여 있다면 원하는 신발을 찾는 데 오래 걸리겠지만 다음과 같이 분류해서 정리하면 금방 찾을 수 있습니다.

4층 – 아빠 신발
3층 – 엄마 신발
2층 – 내 신발
1층 – 동생 신발

분류의 필요성을 느끼게 하고 생활에서 분류하는 습관을 가지도록 지도해 주세요.

🐗 분류하기

장난감 가게에는 다음과 같은 장난감들이 있습니다.

㉠   ㉡   ㉢   ㉣   ㉤   ㉥   ㉦

위 장난감을 서로 다른 기준으로 분류하려고 합니다. 분류 기준에 맞는 장난감의 기호를 쓰시오.

[방법 1]

동물인 것	동물이 아닌 것
㉡, ㉣, ㉦	㉠, ㉢, ㉤, ㉥

[방법 2]

날 수 있는 것	날 수 없는 것
㉢, ㉣, ㉥, ㉦	㉠, ㉡, ㉤

[2가지 방법으로 분류하기]

1 아인이네 집에 있는 물건들을 기준에 맞게 분류하려고 합니다. 빈칸에 알맞은 물건의 기호를 쓰시오.

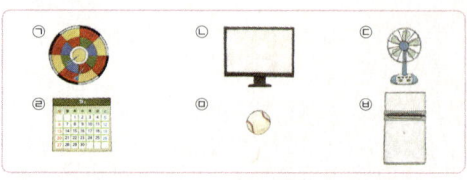

㉠   ㉡   ㉢   ㉣   ㉤   ㉥

[방법 1]

네모난 모양	동그란 모양
㉡, ㉣, ㉥	㉠, ㉢, ㉤

[방법 2]

전기를 사용하는 것	전기를 사용하지 않는 것
㉡, ㉢, ㉥	㉠, ㉣, ㉤

[분류해 놓은 기준]

2 기준에 따라 알맞은 것을 찾아 선으로 이어 보시오.

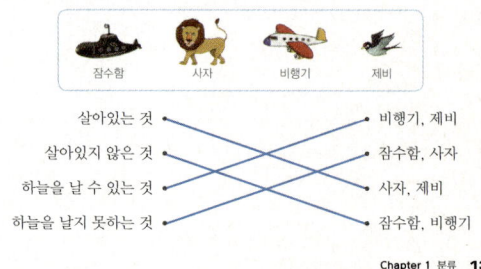

잠수함   사자   비행기   제비

살아있는 것 ———— 비행기, 제비
살아있지 않은 것 ———— 잠수함, 사자
하늘을 날 수 있는 것 ———— 사자, 제비
하늘을 날지 못하는 것 ———— 잠수함, 비행기

---

2 A8 경우의 수와 통계

분류 기준

14 15

여러 가지 탈 것을 다음과 같이 분류하였습니다. 분류한 것을 보고 분류 기준을 찾아 봅시다.

❶ 다음을 보고 분류 기준을 찾아 빈 곳에 알맞게 써넣으시오.

❷ 다음을 보고 빈 곳에 알맞은 분류 기준을 써넣으시오.

[모양을 나누는 기준]

1 다음을 보고 분류 기준을 찾아 ○표 하시오.

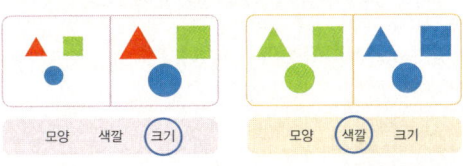

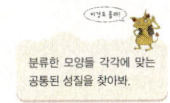

분류한 모양들 각각에 맞는 공통된 성질을 찾아봐.

[모자 분류하기]

2 모자를 일정한 기준에 따라 분류하다가 한 개씩 잘못 분류하였습니다. 양쪽에서 잘못 분류한 모자를 찾아 ×표 하시오.

모자에 술이 달린 것과 달리지 않은 것으로 분류하다가 한 개씩 잘못 분류하였습니다.

2 공통점과 차이점

16 17

태경, 지오, 아인, 초이는 각각 다음과 같이 그릇을 만들었습니다.

그릇을 본 대마왕과 대마법사 멀린은 다음과 같이 말하였습니다.

서로 보고 만든 거야? 모두 똑같잖아!

모두 다르게 만들었구나!

대마왕   멀린

그릇을 살펴보고 모두 똑같은 것은 무엇이고, 모두 다른 것은 무엇인지 쓰시오.

모두 똑같은 것 : 모양
모두 다른 것 : 색깔

❸ 세 가지 공에 대한 특징을 적은 것입니다. 세 공의 공통적인 특징에 해당하는 것에 모두 ○표 하시오.

● 크기가 모두 같습니다. ☐
● 모두 운동 경기에 사용하는 공입니다. ○
● 공 하나를 가지고 여러 명이 경기를 합니다. ○
● 경기를 할 때는 공을 발을 사용하여 움직여야 합니다. ☐

❹ 사탕과 초콜릿의 공통점과 차이점을 2가지씩 쓰시오.

예	공통점	차이점
	먹는 것입니다. 단 것입니다.	모양이 다릅니다. 색깔이 다릅니다.

여러 가지 답이 있습니다.

독독 포인트

여러 가지 성질로 나누어서 생각해 보면 물건을 다양하게 비교할 수 있습니다.

공통점: 혼자 사용하지 않습니다. (전기, 연료, 치약, 물감 사용)
먹을 수 없습니다.
차이점: 모양, 색깔, 재료

공통점 찾기

아인이가 소리, 모양, 움직임을 나타내는 말들을 조사하여 기준에 따라 분류하였습니다. 아인이가 분류한 것들을 서로 비교하여 공통점을 찾아봅시다.

㉠	㉡	㉢
살금살금	울퉁불퉁	우당탕
동글동글	티격태격	엉거주춤
방실방실	울긋불긋	살그머니
토실토실	이쪽저쪽	후다닥
번쩍번쩍	이리저리	후루룩

❶ ㉠의 공통점은 무엇입니까?

예 두 글자가 반복됩니다.

❷ ㉡의 공통점은 무엇입니까?

예 같은 글자가 2개 있습니다.

❸ ㉠, ㉡과 비교했을 때 ㉢의 공통점은 무엇입니까?

예 같은 글자가 없습니다.

❹ 다음은 ㉠, ㉡, ㉢ 중 어느 것에 해당하는지 ☐ 안에 알맞은 기호를 써넣으시오.

올망졸망: ㉡   뒤뚱뒤뚱: ㉠   철퍼덕: ㉢

18 A8 경우의 수와 통계

[공통점 찾기]

1 ◯ 안에 있는 것들과 ☐ 안에 있는 것들은 각각 공통점이 있습니다. ◯와 ☐의 빈 곳에 들어갈 수 있는 것의 기호를 알맞게 써넣으시오.

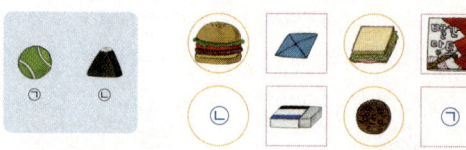

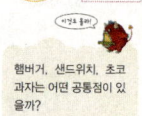

◯ 안에는 먹을 수 있는 것들이고
☐ 안에는 먹을 수 없는 것들입니다.

햄버거, 샌드위치, 초코 과자는 어떤 공통점이 있을까?

[태경이가 받을 우유]

2 태경이네 반 친구들은 각자 자신이 그린 그림에 따라서 흰 우유와 딸기 우유, 바나나 우유를 받았습니다. ☐ 안에 태경이가 받게 될 우유를 써넣으시오.

흰 우유를 받은 친구들 그림 | 딸기 우유를 받은 친구들 그림 | 바나나 우유를 받은 친구들 그림

태경이가 그린 그림

태경이는 **딸기** 우유를 받습니다.

서로 다른 모양을 이어 그린 친구들은 흰 우유를 받았고, 서로 같은 모양을 이어 그린 친구들은 딸기 우유를 받았습니다. 바나나 우유는 서로 다른 모양을 겹치게 그린 친구들이 받았습니다.

Chapter 1 분류 **19**

나는 누구일까요?

다음 그림 카드에는 여러 가지 특징들이 있습니다. 오른쪽 특징에 모두 맞는 그림 카드를 찾아봅시다.

나는 파란색입니다.
나는 살아 있습니다.
나는 날 수 있습니다.

㉠ | ㉡ | ㉢ | ㉣

㉤ | ㉥ | ㉦ | ㉧

❶ '나는 파란색입니다.'에 알맞은 그림 카드의 기호를 모두 쓰시오. ㉡, ㉥, ㉦

❷ ❶에서 찾은 카드 중에서 '나는 살아 있습니다.'에 알맞은 그림 카드의 기호를 쓰시오. ㉥, ㉦

❸ ❷에서 찾은 카드 중에서 '나는 날 수 있습니다.'에 알맞은 그림 카드의 기호를 쓰시오. ㉥

20 A8 경우의 수와 통계

[알맞은 특징 고르기]

1 빈 곳에 ㉠, ㉡, ㉢ 중 지우개의 특징을 골라 기호를 쓰시오.

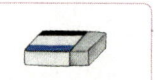

㉠ 살아 있습니다.
㉡ 씻을 때 사용합니다.
㉢ 연필과 함께 사용합니다.

• 사용할수록 크기가 점점 작아집니다.
• 먹을 수 없습니다.
• ㉢

[조건에 맞는 것 고르기]

2 다음 중 세 가지 조건에 모두 해당하는 것의 기호를 쓰시오. ㉤

㉠ | ㉡ | ㉢
㉣ | ㉤ | ㉥

• 파란색입니다.
• 주로 땅에 있습니다.
• 짝이 있어야 사용할 수 있습니다.

일단 파란색이 아닌 것을 지워 봐.

Chapter 1 분류 **21**

4　A8 경우의 수와 통계

③ 이름 유추

지오는 원주민의 안내를 받으며 아프리카 정글 체험을 하게 되었습니다. 원주민은 독수리와 새를 보고 '차카'라고 하였습니다.
차카가 무엇인지 궁금했던 지오는 보이는 것마다 "차카?"라고 물어 보았더니 원주민은 다음과 같이 대답하였습니다.

🐝 은 '차카'일까요, '차카'가 아닐까요? **차카입니다.**
날 수 있는 것은 차카입니다.

🐟 는 '차카'일까요, '차카'가 아닐까요? **차카가 아닙니다.**

아인이와 초이의 대화를 보고 '추추'를 찾아 모두 ◯표 하시오.

먹을 수 있으면서 빨갛지 않은 것이 추추입니다.

토크 포인트
공통적인 특징이 있는 것들을 모아서 '포포'나 '푸푸'와 같은 이름을 붙일 수 있습니다. 동물이나 사물이 가지고 있는 공통적인 특징을 찾으면 '포포'인지 아닌지 알 수 있습니다.

→ 포포는 곤충입니다.

모모와 무무

태경이는 다음과 같이 '모모'와 '모모'가 아닌 것, '무무'와 '무무'가 아닌 것을 말하였습니다. 다음을 보고 '모모'와 '무무'가 무엇인지 알아보시오.

모모: 가축입니다. 무무: 둥근기둥 모양입니다.

태경이가 생각한 '모모'에는 ◯표를 하고, '무무'에는 △표를 하시오.

[호호 찾기]
1 다음을 보고 '호호'는 무엇인지 기호를 쓰시오. ㉢

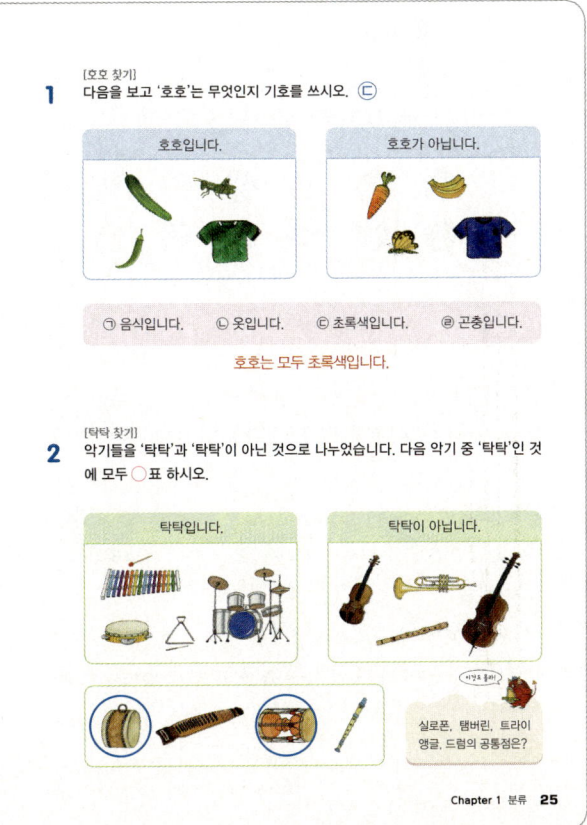

㉠ 음식입니다. ㉡ 옷입니다. ㉢ 초록색입니다. ㉣ 곤충입니다.

호호는 모두 초록색입니다.

[탁탁 찾기]
2 악기들을 '탁탁'과 '탁탁'이 아닌 것으로 나누었습니다. 다음 악기 중 '탁탁'인 것에 모두 ◯표 하시오.

실로폰, 탬버린, 트라이앵글, 드럼의 공통점은?

🐷 쭉쭉이 찾기

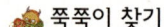

그림을 그려서 '쭉쭉이'라고 이름을 붙였습니다. 다음 중 '쭉쭉이'를 찾아 ○표 하시오.

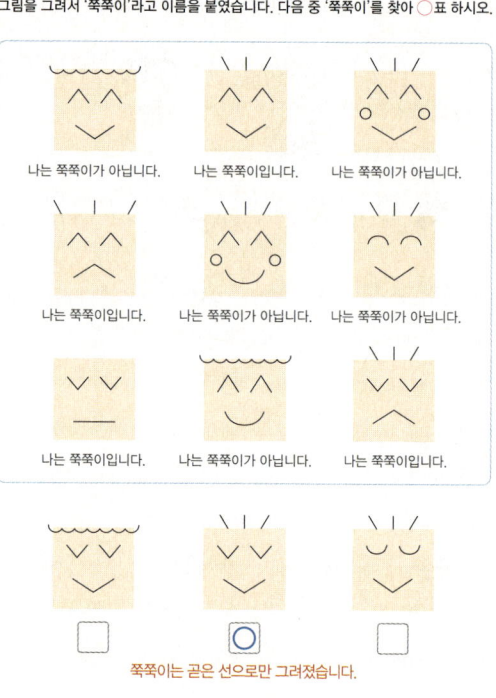

나는 쭉쭉이가 아닙니다.　나는 쭉쭉이입니다.　나는 쭉쭉이가 아닙니다.

나는 쭉쭉이입니다.　나는 쭉쭉이가 아닙니다.　나는 쭉쭉이가 아닙니다.

나는 쭉쭉이입니다.　나는 쭉쭉이가 아닙니다.　나는 쭉쭉이입니다.

쭉쭉이는 곧은 선으로만 그려졌습니다.

[로로가 아닌 것]

1 한 명이 '로로'가 아니면서 '로로'라고 거짓말을 하고 있습니다. 거짓말을 하고 있는 것에 ╳표 하시오.

한 명만 다른 것을 찾아봐.

로로는 눈의 모양이 ⌒ ⌒ 입니다.

[송송이 찾기]

2 다음을 보고 '송송이'를 찾아 기호를 쓰시오. ㉠

송송이입니다.	송송이가 아닙니다.

뿔과 귀 모양을 잘 살펴보렴.

㉠　　㉡　　㉢

뿔과 귀의 모양이 다르면 송송이, 같으면 송송이가 아닙니다.

👧 창의적 문제해결력

1 아인이는 다음 단추들을 주어진 조건에 따라 바구니에 담아 정리하려고 합니다. 파란색이 아니고 단춧구멍이 2개인 단추는 모두 몇 개입니까?　**5개**

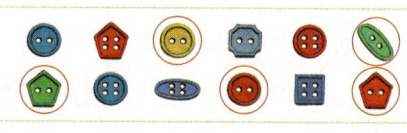

2 어느 구슬 공장에서 일정한 기준에 따라 구슬을 한 상자에 5개씩 담습니다. 다음 상자들 중 구슬을 잘못 담은 상자 1개를 찾아 기호를 쓰시오.　㉢

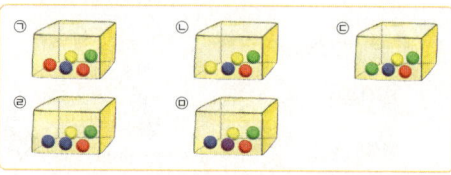

기준: 한 상자에 똑같은 색의 구슬이 2개씩 들어 있어야 합니다.

📍 동영상 특강
QR 코드를 찍어 보세요!!

3 분류된 수들의 공통점을 찾아 다음 수가 들어갈 곳의 기호를 쓰시오.

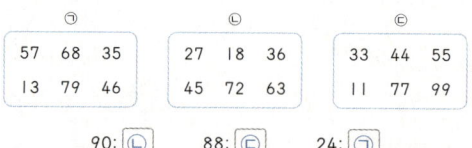

㉠	㉡	㉢
57　68　35	27　18　36	33　44　55
13　79　46	45　72　63	11　77　99

90: ㉡　　88: ㉢　　24: ㉠

㉠: 일의 자리 숫자가 십의 자리 숫자보다 2 큰 수
㉡: 각 자리 숫자의 합이 9인 수
㉢: 각 자리 숫자가 서로 같은 수

4 세로줄에는 '차차'를 늘어놓았고 가로줄에는 '몽몽'을 늘어놓았습니다. 빈 곳에는 '차차'이기도 하고 '몽몽'이기도 한 것을 놓아야 합니다. 빈 곳에 알맞은 단어를 골라 써넣으시오.

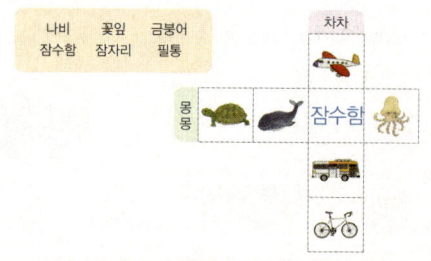

나비	꽃잎	금붕어
잠수함	잠자리	필통

차차는 탈 것을 말하고 몽몽은 바닷속에 있는 것을 말합니다.

4 속성

32 33

대마왕이 도깨비들을 모아 두 모둠으로 나누었습니다.

왼쪽　오른쪽

오른쪽 모둠의 도깨비들은 돌아가! 왼쪽 모둠의 도깨비들만 나를 따르라!

대마왕은 어떤 기준으로 도깨비들을 나누었습니까?

눈이 1개인 도깨비와 눈이 2개인 도깨비

다음과 같은 12장의 카드를 속성에 맞게 분류하시오.

네모 모양	세모 모양	동그라미 모양
1, 4, 7, 10	3, 6, 9, 12	2, 5, 8, 11

빨간색 모양	노란색 모양	초록색 모양
1, 5, 8, 12	2, 6, 7, 10	3, 4, 9, 11

노크 포인트

모양, 색깔, 크기 등과 같은 사물의 특징이나 성질을 **속성**이라고 합니다.

대마왕이 모은 도깨비들은 다음과 같은 속성이 있습니다.

얼굴 모양: 　뿔의 개수: 1개, 2개
눈의 개수: 1개, 2개　귀: 있음, 없음

공통적인 속성에 따라 도깨비들을 분류할 수 있고, 속성에 맞는 도깨비를 찾을 수도 있습니다.

공통점 찾기

34 35

다음과 같은 도깨비 방망이가 있습니다. 도깨비 방망이가 가진 속성을 알아봅시다.

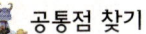

❶ 도깨비 방망이에서 찾을 수 있는 속성을 나타낸 다음 표를 완성하시오.

모양	색깔	크기
세모 모양 네모 모양 둥근 모양	빨강, 노랑, 파랑	큰 것, 작은 것

❷ 다음 도깨비 방망이 3개의 공통점을 찾아 ○표 하시오.

모양　크기　(색깔)　　모양　(크기)　색깔

모양　(크기)　색깔　　(모양)　크기　색깔

[우산의 속성]

1 다음을 보고 □ 안에 공통적인 속성의 기호를 쓰시오.

㉠ 우산의 색깔
㉡ 손잡이 모양
㉢ 우산의 길이

㉠　㉡

속성을 하나씩 비교해 봐.

[인형의 속성]

2 인형 가게에서 속성에 따라 인형들을 진열해 놓았습니다. 인형을 잘못 놓은 곳의 기호를 쓰시오. ㉡

㉠ 인형의 크기　　㉡ 인형의 색깔
㉢ 같은 동물의 인형　　㉣ 인형의 가격

속성으로 찾기

태경이와 초이가 어젯밤 골목에서 서로 다른 도깨비를 만났습니다. 태경이와 초이가 만난 도깨비를 각각 찾아봅시다.

태경 · 아인 · 초이

태경
아니. 1, 2, 8, 11, 12, 13, 14, 15
응. 1, 11, 14, 15
응. 1, 14
아니. 1

아인
눈이 2개였어?
뿔이 1개였어?
귀가 있었어?
얼굴은 동그란 모양이었어?

초이
응. 맞아. 3, 4, 5, 6, 7, 9, 10
응. 3, 4, 7, 9
아니. 7, 9
응. 7

태경이와 초이가 만난 도깨비의 번호를 각각 □ 안에 써넣으시오.

 : ①    : ⑦

[피자의 속성]

1 지오는 가게에 진열된 피자를 보며 먹고 싶은 피자의 속성 2가지를 말하였습니다. 지오가 먹고 싶은 피자에 ○표 하시오.

4조각으로 나누어진 동그란 피자를 먹고 싶어.

[초이의 컵 찾기]

2 초이가 사용하는 컵을 찾아 기호를 쓰시오. [□]

내가 쓰는 컵은 파란색의 작은 컵이야. 손잡이는 세모 모양이야.

 ㉠   ㉡   ㉢   ㉣

 ㉤   ㉥   ㉦ ㉧

---

⑤ 속성 매트릭스

형사가 범인을 찾기 위해서 사건의 목격자들에게 범인의 얼굴에 대한 이야기를 들었습니다.

평소에는 눈이 ▨▨, 인상을 쓸 때는 ▨▨, 안경을 쓰면 ●━●이었어요.

곱슬머리였어요.

입은 기분에 따라 세 가지 모양으로 보였어요.

코눈 이렇게 생겼어요.

형사는 두 목격자가 말한 눈과 입 모양으로 범인의 얼굴을 그리려고 합니다. 범인의 얼굴을 직접 그려 보시오.

🟢 모양과 색깔을 보고 속성 매트릭스의 빈칸에 알맞은 번호를 쓰시오.

① ● ② ■ ③ ● ④ ■

색깔＼모양	네모	동그라미
초록색	④	①
주황색	②	③

🟢 얼굴을 관찰하여 속성 매트릭스의 빈칸에 알맞은 이름을 쓰시오.

초이 · 태경 · 지오 · 아인

안경＼성별	남학생	여학생
안경 씀	아인	초이
안경 안 씀	태경	지오

노크 포인트

가로, 세로로 속성을 정하고 만나는 곳에 두 가지 속성을 모두 만족하도록 만든 표를 **속성 매트릭스**라고 합니다.

모양＼색깔	빨간색	파란색
세모	▲	▲
네모	■	■

파란색과 네모가 만나는 칸에 ■이 들어갑니다.

8   A8 경우의 수와 통계

🐮 속성 분류

40 / 41

다음과 같은 속성 카드를 2가지 기준으로 나누어 봅시다.

① 속성 카드를 색깔과 크기를 기준으로 나누었습니다. 빈칸에 알맞은 카드의 번호를 쓰시오.

크기＼색깔	빨간색	노란색
큰 것	3, 7, 10	1, 5, 12
작은 것	2, 4, 9	6, 8, 11

② 속성 카드를 모양과 색깔을 기준으로 나누었습니다. 빈칸에 알맞은 카드의 번호를 쓰시오.

색깔＼모양	세모	네모	동그라미
빨간색	4, 10	3, 9	2, 7
노란색	1, 8	6, 12	5, 11

[꽃 분류하기]

1 태경이는 여러 종류의 꽃을 모았습니다. 꽃을 속성에 맞추어 분류할 때, ㉮에 들어가는 꽃은 모두 몇 송이입니까?　**3송이**

크기＼꽃잎 수	꽃잎 4장	꽃잎 5장	꽃잎 6장
작은 꽃	2	2	1
큰 꽃	3	㉮ 3	1

큰 꽃 중 꽃잎이 5장인 꽃은 모두 몇 송이인지 구합니다.

[잘못된 분류]

2 책들의 속성에 맞게 분류하여 놓았습니다. 잘못 분류한 책은 모두 몇 권입니까?　**5권**

두께＼표지 색	초록색	빨간색	노란색
두껍다			
얇다			

🐮 속성 찾기

42 / 43

일정한 규칙에 따라 가로줄과 세로줄에 같은 속성을 가진 단추를 넣어 놓은 상자가 있습니다. 규칙을 찾아 상자의 빈칸에 들어갈 단추를 알아봅시다.

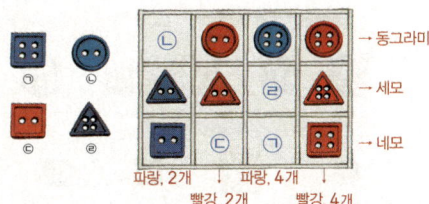

→ 동그라미
→ 세모
→ 네모

파랑, 2개　파랑, 4개
빨강, 2개　빨강, 4개

❶ 상자의 각 칸에 놓인 단추의 속성을 색깔, 단춧구멍의 개수, 모양에 따라 나타낸 것입니다. 빈칸을 모두 채우시오.

색깔			
파랑	빨강	파랑	빨강
파랑	빨강	파랑	빨강
파랑	빨강	파랑	빨강

단춧구멍의 개수			
2개	2개	4개	4개
2개	2개	4개	4개
2개	2개	4개	4개

모양

❷ 상자의 빈칸에 알맞은 단추의 기호를 쓰시오.
색깔, 단춧구멍의 개수, 모양의 3가지 속성을 모두 만족하는 단추를 빈칸에 놓습니다.

[색종이의 속성]

1 다음은 무늬가 있는 색종이를 속성 매트릭스로 분류한 것입니다. 빈칸에 알맞은 속성을 찾아 기호를 쓰시오.

㉠ 빨강
㉡ 초록
㉢ 파랑
㉣ 하트
㉤ 세모

무늬 모양＼바탕 색깔	㉡	㉢	㉠
㉤			
㉣			

각 가로줄과 세로줄에 놓인 색종이에서 공통적인 특징을 찾습니다.

[서랍 정리하기]

2 지오는 아래의 옷을 분류하여 서랍 ㉠, ㉡, ㉢, ㉣에 넣으려고 합니다. □ 안에 알맞은 서랍의 기호를 써 넣으시오.

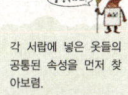
각 서랍에 넣은 옷들의 공통된 속성을 먼저 찾아보렴.

㉡　㉣　㉢　㉠

㉠: 반팔 티, ㉡: 반바지, ㉢: 긴팔 티, ㉣: 긴바지

6 속성 고리

지오와 초이가 바닷가에서 조개 껍질을 주워서 서로 다른 규칙으로 목걸이를 만들었습니다.

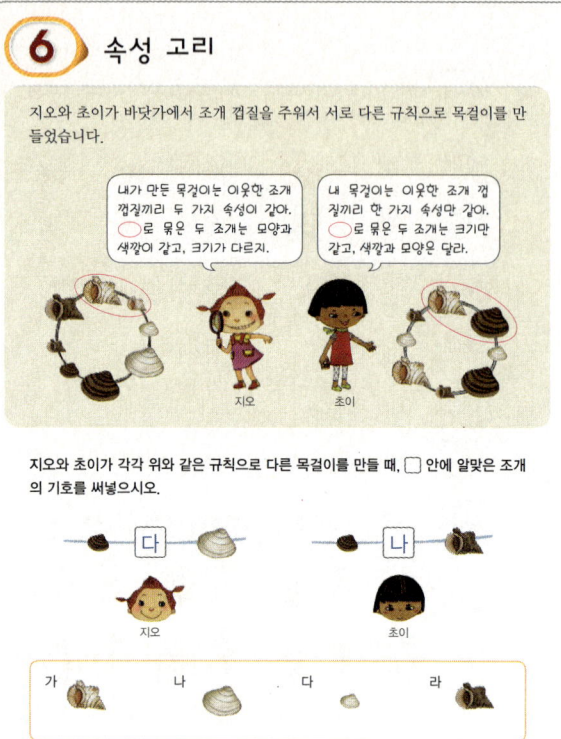

> 내가 만든 목걸이는 이웃한 조개 껍질끼리 두 가지 속성이 같아. ○로 묶은 두 조개는 모양과 색깔이 같고, 크기가 다르지.

> 내 목걸이는 이웃한 조개 껍질끼리 한 가지 속성만 같아. ○로 묶은 두 조개는 크기만 같고, 색깔과 모양은 달라.

지오   초이

지오와 초이가 각각 위와 같은 규칙으로 다른 목걸이를 만들 때, ☐ 안에 알맞은 조개의 기호를 써넣으시오.

지오   초이

두 도형의 속성을 비교하여 같으면 ○표, 다르면 ×표 하시오.

속성	모양	크기	색깔	채우기
▲ ▴	○	×	○	○
☐ ○	×	○	×	○
○ ●	○	×	○	×

도로 포인트

사물이나 도형을 늘어놓을 때 여러 가지 속성 중 같은 속성의 개수를 정하여 놓을 수 있습니다. 이웃한 조개 껍질끼리 색깔, 모양, 크기 중 한 가지 속성만 같도록 늘어놓은 것입니다. 공통된 한 가지 속성은 각각 다음과 같습니다.

이와 같이 늘어놓은 것의 양끝을 연결하여 속성 고리를 만들 수 있습니다.

🐛 다른 속성 찾기

다음과 같이 4가지 속성을 가진 도형을 비교해 봅시다. 4가지 속성은 모양, 크기, 색깔, 채우기입니다.

모양	크기	색깔	채우기
☐ △	△ ▵	🟧 🟩	🟩 ☐

❶ 두 도형을 비교하여 다른 속성을 찾아 모두 ○표 하시오.

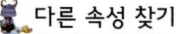

모양 (크기) 색깔 (채우기)   (모양)(크기) 색깔 채우기   (모양) 크기 색깔 (채우기)

❷ 🔺모양과 주어진 속성만 다르고 나머지 속성은 모두 같은 도형을 그려 보시오.

🔺	모양	🟧	크기	🔺
	색깔	🟩	채우기	△

[초콜릿의 속성]

1 초콜릿이 다음과 같은 속성을 가지고 있습니다. 주어진 초콜릿과 한 가지 속성만 다른 초콜릿의 기호를 쓰시오. **나**

모양	크기	색깔
▪ ●	● ▪	● ●

가   나   다   라

가: 모양과 크기가 다름   나: 모양이 다름
다: 모양과 색깔이 다름   라: 크기와 색깔이 다름

[가방 속성]

2 3가지 속성을 가진 가방이 있습니다. 주어진 가방과 모든 속성이 다른 가방의 기호를 쓰시오. **바**

가   나   다

라   마   바

> 손잡이의 모양과 무늬, 무늬의 색을 살펴봤니?

🦉 속성 고리 만들기

모양, 크기, 색깔, 채우기 중 한 가지 속성만 다른 도형끼리 이웃하도록 속성 고리를 만들어 봅시다.

❶ 이웃한 두 도형의 다른 속성을 찾아 ○표 하시오.

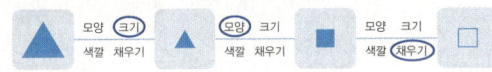

❷ 이웃한 두 도형의 같은 속성을 찾아 △표 하시오.

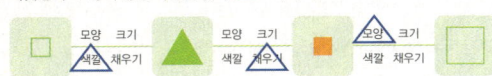

❸ 이웃한 도형끼리 모양, 크기, 색깔, 채우기 중 한 가지 속성만 다른 도형끼리 이웃하도록 속성 고리를 만들었습니다. 빈 곳에 알맞은 도형의 기호를 쓰시오.

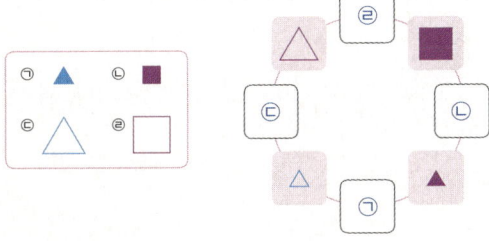

[단추 연결하기]

1 단추의 모양, 색깔, 구멍의 개수 중 한 가지 속성만 같은 단추끼리 이웃하도록 실에 연결하였습니다. 빈 곳에 놓을 수 있는 단추를 찾아 기호를 쓰시오.

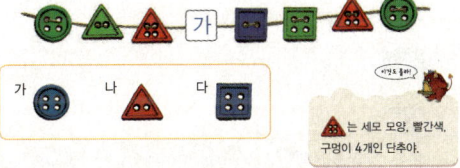

🔺 는 세모 모양, 빨간색, 구멍이 4개인 단추야.

[잘못 연결된 속성 카드]

2 도형의 모양, 크기, 색깔, 채우기 중 한 가지 속성만 다른 카드끼리 서로 이웃하도록 연결한 속성 고리입니다. 이 중 잘못 연결된 부분을 찾아 고리를 끊으려고 합니다. 고리를 끊어야 할 부분에 ✕표 하시오.

◆와 ◆는 모양, 크기, 채우기 속성이 다릅니다.

🧒 창의적 문제해결력

1 속성에 맞추어 분류한 상자에 6개의 모양을 더 넣으려고 합니다. 모두 분류하였을 때 모양이 가장 적게 들어간 상자의 기호를 쓰시오. **가**

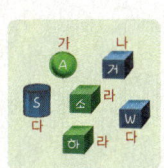
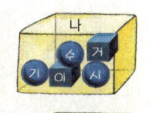

가: 초록색, 알파벳 → 3개
다: 파란색, 알파벳 → 6개
나: 파란색, 한글 → 5개
라: 초록색, 한글 → 5개

2 지오는 다음 눈 모양과 입 모양을 하나씩 골라서 얼굴을 그리려고 합니다. 서로 다른 얼굴을 몇 가지 그릴 수 있습니까? **8가지**

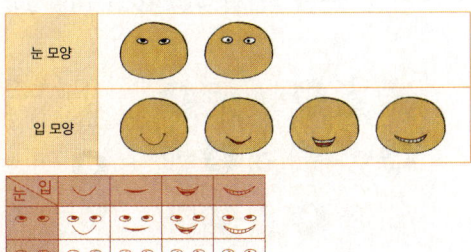

♥ 동영상 특강
QR 코드를 찍어 보세요!

3 달걀에 그려진 무늬의 속성은 선의 모양, 개수, 색깔, 방향입니다. 주어진 달걀과 3가지 속성이 다른 달걀의 기호를 모두 쓰시오. **가, 마, 사**

가: 선의 모양, 개수, 색깔이 다릅니다.
마: 선의 모양, 개수, 방향이 다릅니다.
사: 선의 개수, 색깔, 방향이 다릅니다.

4 다음 도형들은 모양, 크기, 색깔, 채우기의 4가지 속성을 가지고 있습니다. 출발점에서 시작하여 속성 2개가 같은 도형을 따라 도착점까지 가는 길을 선으로 나타내시오.

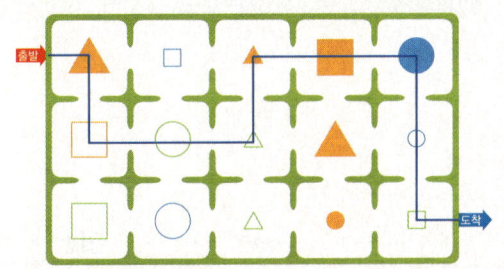

7 분류하여 세기

태경이가 방을 정리하려고 합니다. 학용품은 필통에, 장난감은 상자에, 책은 책꽂이에, 옷은 서랍에 정리해야 합니다.

이제 정리를 시작해야지!

다음 그림에 들어갈 물건의 개수를 세어 ☐ 안에 알맞은 수를 써넣으시오.

7 개   6 개

7 개   2 개

❶ 빨랫줄에 걸린 바지와 티셔츠의 개수를 세어 개수만큼 색칠하고 ☐ 안에 알맞은 수를 써넣으시오.

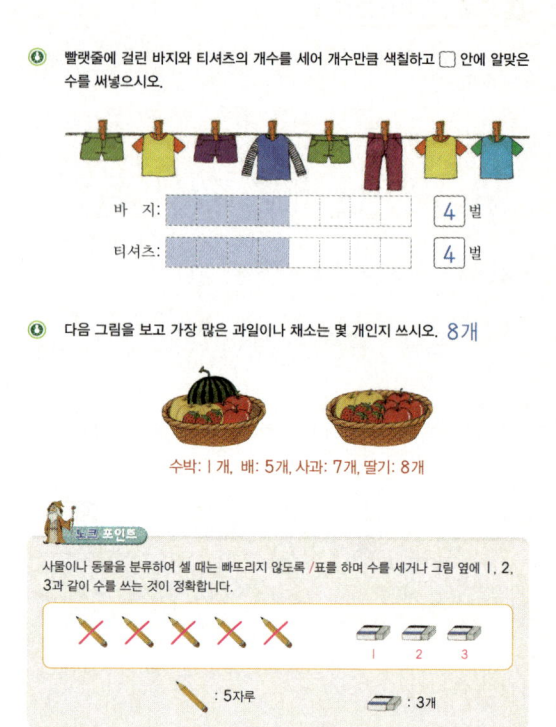

바 지: 4 벌

티셔츠: 4 벌

❷ 다음 그림을 보고 가장 많은 과일이나 채소는 몇 개인지 쓰시오. 8개

수박: 1개, 배: 5개, 사과: 7개, 딸기: 8개

토론 포인트

사물이나 동물을 분류하여 셀 때는 빠뜨리지 않도록 /표를 하며 수를 세거나 그림 옆에 1, 2, 3과 같이 수를 쓰는 것이 정확합니다.

╳ ╳ ╳ ╳ ╳   1 2 3

✏ : 5자루   : 3개

🐜 세어 보기1

그림을 보고 숲 속의 동물을 종류별로 세어 봅시다.

❶ 원숭이를 한 마리씩 /표를 하여 세어 보시오.

 : 4 마리

❷ 다음 동물을 세어 보시오.

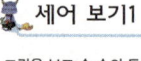 : 7 마리   : 5 마리   : 4 마리

[풍선 세어 보기]

1 날아가고 있는 풍선을 색깔별로 /표를 하며 개수를 세어 보고 ☐ 안에 알맞은 수를 써넣으시오.

 : 4 개    : 5 개    : 9 개

[빵 분류하기]

2 제과점의 빵에 종류별로 /표를 하며 개수를 세어 보고 표의 빈칸에 알맞은 수를 써넣으시오.

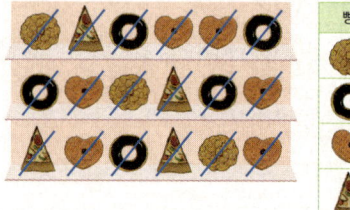

빵	개수
	3
	5
	6
	4

세어 보기2

아인이는 동물 모양 비타민의 개수를 세어 보고 있습니다.

❶ 비타민을 색깔별로 세어 보시오.

🟩 : [9]개   🟨 : [8]개   🟥 : [7]개

❷ 비타민을 모양별로 세어 보시오.

: [6]개   : [6]개

: [6]개   : [6]개

58 A8 경우의 수와 통계

[바나나맛 우유]

1 여러 종류의 우유가 놓여 있습니다. 바나나맛 우유는 모두 몇 개입니까? 7개

[모양별로 세기]

2 그림을 보고 모양에 따라 개수를 세었습니다. 모양과 개수를 알맞게 선으로 이어 보시오.

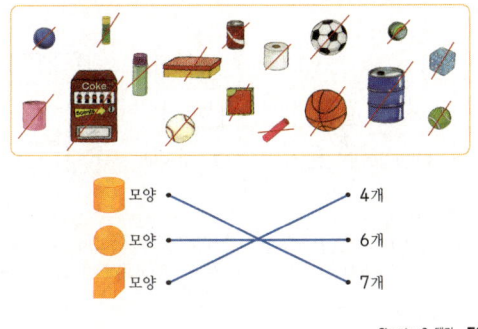

모양 ——— 4개
모양 ——— 6개
모양 ——— 7개

Chapter 3 탤리 59

---

8 탤리

어느 노인이 배를 타고 가던 중 폭풍우를 만나 무인도에 상륙하게 됩니다. 노인은 무인도에서 지낸 날짜를 기억하기 위해서 나무에 모양을 새겨두었습니다.

이곳에 며칠 동안 있었는지 잊지 않지 않을거야.

노인이 나무에 새긴 모양을 탤리 마크(tally mark)라고 합니다. 탤리 마크는 물건이나 수를 하나씩 세면서 4개까지는 세로로 선을 긋다가 5개가 되면 가로로 선을 그어 5를 한 묶음으로 나타냅니다.

수	1	2	3	4	5	6	7	8
탤리			||	|||	||||	卌	卌		卌 ||	卌 |||

노인이 무인도에 상륙한 지 며칠이 지났습니까? 33일

5씩 뛰어 세면 좀 더 빨리 셀 수 있지.

60 A8 경우의 수와 통계

---

③ 지오네 반 회장 선거의 투표 결과입니다. 누가 회장이 되었습니까? 아인

지오: 8표, 태경: 4표, 아인: 11표

④ 양 한 마리가 울타리 밖으로 나갈 때마다 돌을 하나씩 올려 놓았습니다. 울타리 안에 남아 있는 양이 한 마리라면 처음 울타리 안에 있던 양은 모두 몇 마리인지 구하시오.

4마리

네크로 포인트

우리는 0부터 9까지의 숫자로 수를 쓰지만 숫자가 생기기 전에는 줄에 매듭을 짓거나 나무에 모양을 새기는 등 여러 가지 방법으로 수를 표현하였습니다. 그중 몇 가지 방법은 지금도 개수를 셀 때 사용하고 있습니다. 탤리는 기록한다는 뜻을 가진 말입니다.

① 영어를 쓰는 나라의 탤리 마크: 卌 ||| ➡ 8
② 한자를 쓰는 나라의 탤리 마크: 正下 ➡ 8
③ 프랑스어나 스페인어를 쓰는 나라의 탤리 마크: ◻◻ ➡ 8

Chapter 3 탤리 61

🐿️ 여러 가지 탤리 마크

우리나라에서는 한자 '바를 정(正)'자를 탤리 마크로 사용하고 프랑스어나 스페인어를 사용하는 나라에서는 상자 모양(◻)으로 탤리 마크를 사용합니다.

한국의 탤리 마크

수	1	2	3	4	5	6	7	8
탤리	一	T	F	下	正	正一	正丅	正下

프랑스의 탤리 마크

수	1	2	3	4	5	6	7	8
탤리		⌐	⌐	◻	◻	◻|	◻⌐	◻◻

❶ 빈칸에 수와 탤리 마크를 알맞게 채우시오.

수	한국	영국	프랑스
5	正	卌	◻
9	正下	卌 IIII	◻◻
12	正正丅	卌 卌 II	◻◻⌐
13	正正下	卌 卌 III	◻◻◻

❷ 탤리 마크는 모두 5를 한 묶음으로 나타냅니다. 그 이유는 무엇인지 이야기하여 봅시다. **예** 한 손의 손가락이 5개이기 때문에 5를 한 묶음으로 나타내는 것입니다.

[탤리 마크로 표현하기]

1 태경이와 지오, 아인이는 각자 좋아하는 수를 여러 가지 탤리 마크로 나타내었습니다. 빈 곳에 알맞은 탤리 마크를 나타내어 보시오.

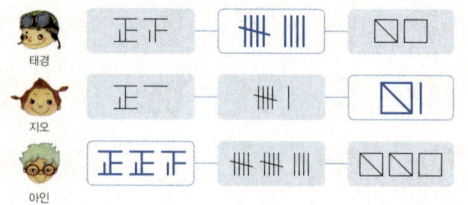

[공의 개수]

2 어느 스포츠 용품 매장에서 파는 공의 개수를 여러 가지 탤리 마크로 나타낸 것입니다. 세 번째로 많이 파는 공은 무엇입니까? **럭비공**

공의 종류	탤리 마크	
⚽ 축구공	卌 卌 卌 IIII	→19
🏀 농구공	正正正正下	→23
🏈 럭비공	◻◻◻◻◻	→24
⚾ 야구공	卌 卌 卌 卌 卌 卌 卌	→35
🎾 테니스공	◻◻◻◻◻◻	→28

🐿️ 탤리 마크로 나타내기

아인이네 반에서 모둠별로 좋아하는 과일을 조사하였습니다.

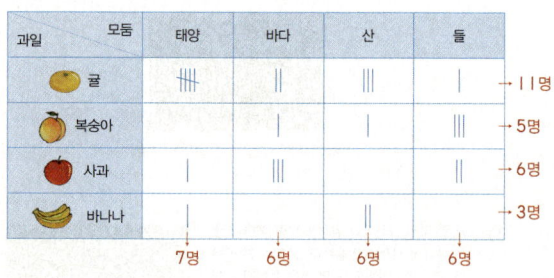

과일 \ 모둠	태양	바다	산	들	
🍊 귤	卌	III		→11명
🍑 복숭아			III	→5명
🍎 사과		IIII	II	→6명
🍌 바나나		II		→3명
	7명	6명	6명	6명	

❶ 가장 많은 학생들이 좋아하는 과일은 무엇입니까? 귤

❷ 산 모둠에서 두 번째로 많은 학생들이 좋아하는 과일은 무엇입니까? 바나나

❸ 학생 수가 가장 많은 모둠은 어느 모둠입니까? 태양

❹ 사과를 좋아하는 학생은 바나나를 좋아하는 학생보다 몇 명이 더 많습니까?
사과를 좋아하는 학생은 6명, 바나나를 좋아하는 학생은 3명입니다. 3명

[모양의 개수]

1 모양과 색깔에 따라 분류한 다음, 탤리 마크를 사용하여 개수를 나타내었습니다.

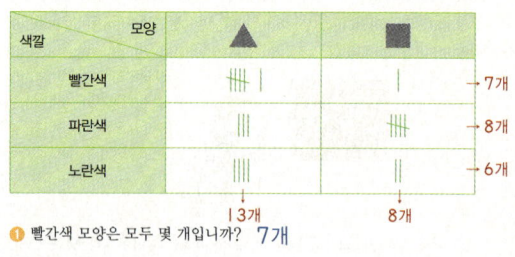

색깔 \ 모양	▲	■	
빨간색	卌 I	I	→7개
파란색	III	卌	→8개
노란색	IIII	II	→6개
	13개	8개	

❶ 빨간색 모양은 모두 몇 개입니까? 7개

❷ ■ 모양은 모두 몇 개입니까? 8개

[학생들의 장래 희망]

2 다음은 초이네 반 학생들의 장래 희망을 조사하여 탤리 마크로 나타낸 것입니다. 두 번째로 많은 학생들이 되고 싶어하는 직업은 무엇입니까? 과학자

장래 희망	남학생	여학생	
연예인	下	正	→7명
의사	T	二	→3명
과학자	正	下	→8명
요리사	正丅	T	→9명

---

14 A8 경우의 수와 통계

66·67

9 표로 나타내기

초이네 반에서 교실 뒤에 스티커를 붙여서 가장 좋아하는 음식을 조사하였습니다.

우리 반 친구들은 어떤 음식을 가장 많이 좋아할까?

떡볶이 ● 김밥 ● 어묵 ● 자장면 ●

초이네 반 학생들의 음식별 좋아하는 학생 수를 한눈에 알아볼 수 있도록 다음 표를 완성해 보시오.

좋아하는 음식

음식	🍝	🍙	🍲	🍜
학생 수	3	4	5	7

가장 많은 학생들이 좋아하는 음식부터 차례로 쓰시오.

자장면, 어묵, 김밥, 떡볶이

같은 색깔의 공깃돌이 몇 개씩 있는지 알기 위해 표를 만들었습니다. ☐ 안에 알맞은 수를 써넣으시오.

공깃돌 수

색깔	노란색	파란색	보라색
개수 (개)	5	9	6

파란색 공깃돌이 **9** 개로 가장 많고, 노란색 공깃돌이 **5** 개로 가장 적습니다. 공깃돌은 모두 **20** 개입니다.

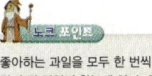

노크 포인트

좋아하는 과일을 모두 한 번씩 적는 것보다 표를 사용하여 나타내면 어떤 과일을 좋아하는 사람이 몇 명인지 한눈에 알 수 있습니다.

우리 반 학생들이 좋아하는 과일

김경호: 복숭아, 김지용: 사과, 정한울: 귤, 이우용: 바나나
박찬웅: 귤, 이선이: 귤, 최찬호: 복숭아, 반정환: 사과

↓

좋아하는 과일

과일	복숭아	사과	귤	바나나
학생 수	5	3	6	7

68·69

표로 나타내기

태경이가 종이컵을 여러 번 바닥에 던져서 떨어진 모양을 조사했습니다.

회	1회	2회	3회	4회	5회
모양					
회	6회	7회	8회	9회	10회
모양					

❶ 종이컵이 똑바로 선 것(🥤)은 몇 회인지 모두 쓰시오. 1회, 10회

❷ 종이컵이 거꾸로 선 것(🥤)은 몇 회인지 모두 쓰시오. 5회, 7회, 9회

❸ 종이컵이 옆으로 누운 것(🥤)은 몇 회인지 모두 쓰시오. 2회, 3회, 4회, 6회, 8회

❹ 종이컵을 던진 결과를 보고 다음 표를 완성해 보시오.

종이컵이 떨어진 모양

모양	🥤	🥤	🥤
횟수(번)	2	3	5

[동전 던지기]

1 100원짜리 동전을 던져서 나온 면입니다. 면을 보고 표를 완성하시오.

회	1회	2회	3회	4회	5회
나온 면	🪙	🪙	🪙	🪙	🪙
회	6회	7회	8회	9회	10회
나온 면	🪙	🪙	🪙	🪙	🪙

동전을 던져서 나온 면

나온 면	🪙	🪙
나온 횟수(번)	5	5

[맛 평가하기]

2 분식점에서 손님들이 음식을 먹고 난 후 맛을 평가하여 스티커를 하나씩 붙였습니다. 표의 빈칸에 알맞은 수를 써넣으시오.

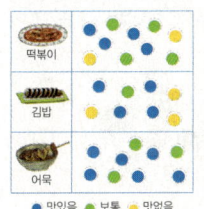

떡볶이
김밥
어묵

● 맛있음 ● 보통 ● 맛없음

음식의 평가 수

음식	떡볶이	김밥	어묵
평가 수	10	8	9

맛 평가 수

맛	맛있음	보통	맛없음
평가 수	14	8	5

정답 및 해설 **15**

🦉 표 완성하기

초이네 반에서 안경을 쓴 남학생과 여학생을 조사했는데 표의 일부가 지워졌습니다. 지워지지 않은 부분을 보고 지워진 부분의 수를 알아봅시다.

성별 안경	남자	여자	합계
안경을 쓴 사람	6	5	11
안경을 쓰지 않은 사람	9	8	17
합계	15	13	28

❶ 초이네 반 학생은 모두 몇 명입니까? **28명**

15+13=28(명)

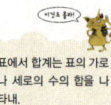
표에서 합계는 표의 가로나 세로의 수의 합을 나타내.

❷ 안경을 쓴 남학생은 몇 명입니까? **6명**

남자	
□	
9	
15	

□+9=15 → □=6

❸ 안경을 쓴 여학생은 몇 명입니까? **5명**

남자	여자	합계
6	□	11

6+□=11 → □=5

❹ 안경을 쓰지 않은 여학생은 몇 명입니까? **8명**

남자	여자	합계
6	5	11
9	□	△
15	13	28

5+□=13 → □=8

[좋아하는 과일]

1 학생들이 좋아하는 과일을 조사하여 표로 만든 것입니다.

과일	사과	배	바나나	합계
남학생	7	5	4	16
여학생	5	3	5	13
합계	12	8	9	29

❶ 사과를 좋아하는 학생은 바나나를 좋아하는 학생보다 몇 명 더 많습니까?
사과를 좋아하는 학생은 12명, 바나나를 좋아하는 학생은 9명입니다. **3명**

❷ 배를 좋아하는 여학생은 몇 명입니까? **3명**

배
5
□
8

5+□=8 → □=3

[물건 정리]

2 다음은 물건을 색깔과 모양별로 정리한 표입니다. 빈칸에 알맞은 수를 써넣으시오.

모양 색깔	세모	네모	동그라미	합계
빨간색	3	2	7	12
파란색	5	6	1	12
합계	8	8	8	24

🧒 창의적 문제해결력

📹 동영상 특강
QR 코드를 찍어 보세요!!!

1 다음은 점과 선으로 수를 나타낸 탤리 마크입니다. 빈 곳에 알맞은 수나 탤리 마크를 넣으시오.

1 2 3 4 5 6 7 8 9 10

⇒ **15**   ⇒ 17

⇒ **28**   ⇒ 29

2 아인이는 집에 있는 쿠키를 모양별로 개수를 세어 표 만들어 두었습니다. **3개**

집에 있는 쿠키

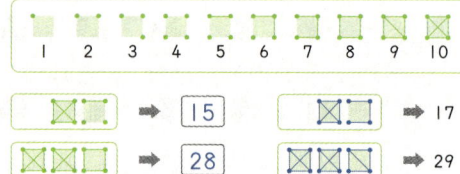

모양	🍪	⭐	🍪
개수	7	5	7

다음은 동생이 먹고 남긴 쿠키입니다. 동생이 가장 많이 먹은 쿠키의 모양을 그리시오. **●모양**

먹고 남은 쿠키

---

3 음악반과 미술반 학생들이 좋아하는 간식을 조사해서 표로 나타내었는데 한 칸의 수를 잘못 적었습니다. 잘못 적은 수를 찾아 바르게 고치시오.

간식 반	피자	떡볶이	도너츠	합계
음악반	6	4	4	14
미술반	5	9	~~2~~	16
합계	11	13	6	30

6+4+4=14
5+9+5=19

6+5=11 4+9=13 4+5=9

합계와 맞지 않는 계산값을 보고, 미술반의 도너츠를 좋아하는 사람 수가 잘못되었음을 알 수 있습니다. 합계에 맞게 고치면 4+□=6 → □=2입니다.

4 학생들이 좋아하는 동물을 조사하여 표를 만들었는데 실수로 종이가 찢어졌습니다. 사슴을 좋아하는 학생 수를 구하시오. **9명**

동물	토끼	사슴	사자	합계
남학생	3	4	9	16
여학생	6	5	2	13
합계	9	9	11	29

방법의 가짓수

🔟 옷 입기

아인이는 대공원에 놀러 가기로 하였습니다. 그런데 마음에 드는 옷을 꺼내 놓고 어떻게 입고 나갈지 결정을 하지 못하고 있습니다.

모두 마음에 드는데 어떻게 입고 가야 할까?

아인이가 옷을 입을 수 있는 방법이 몇 가지인지 선으로 이어 보시오.

옷을 입는 방법은 모두 몇 가지입니까? 6가지

옷을 입는 방법을 색칠하여 나타내어 보시오. 모두 몇 가지입니까? 6가지

도깨비 포인트

옷을 입는 방법의 가짓수는 선으로 이어 보기, 직접 써 보기, 색칠하기 등의 방법으로 구할 수 있습니다.

① 선으로 잇기

② 직접 써 보기
(갈색, 검은색), (갈색, 파란색), (갈색, 빨간색),
(주황색, 검은색), (주황색, 파란색), (주황색, 빨간색)
➡ 6가지

➡ 6가지

🔷 가짓수 구하기

3가지 색깔의 깃발 중 2개를 달아서 만들 수 있는 깃발이 몇 가지인지 알아봅시다. (단, 같은 색 깃발을 사용할 수도 있습니다.)

: 빨간색
: 노란색
: 파란색

❶ 위에 빨간색 깃발을 달았을 때 아래에 달 수 있는 깃발을 색칠하여 나타내시오.

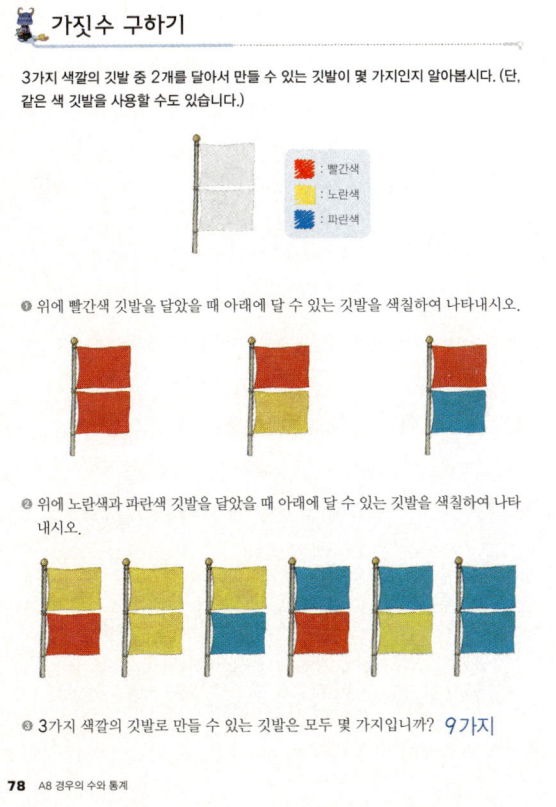

❷ 위에 노란색과 파란색 깃발을 달았을 때 아래에 달 수 있는 깃발을 색칠하여 나타내시오.

❸ 3가지 색깔의 깃발로 만들 수 있는 깃발은 모두 몇 가지입니까? 9가지

[아이스크림 고르기]

1 3가지 맛 아이스크림을 파는 가게가 있습니다. 아인이와 지오가 아이스크림을 1개씩 고르는 방법을 모두 나타낸 것입니다. 빈칸에 알맞은 아이스크림의 기호를 쓰시오.

아인	지오
㉠	㉠
㉠	㉡
㉠	㉢

아인	지오
㉡	㉠
㉡	㉡
㉡	㉢

아인	지오
㉢	㉠
㉢	㉡
㉢	㉢

[모자와 안경 쓰기]

2 모자와 안경을 하나씩 써 보는 방법은 모두 몇 가지입니까? (단, 모자와 안경을 모두 써야 합니다.) 6가지

모자 하나를 정하고 나면 안경은 몇 개를 써 볼 수 있지?

🎨 색칠하기

로켓을 위, 중간, 아래의 3부분으로 나누어 색칠합니다. 모두 몇 가지 로켓이 만들어지는지 색칠해 봅시다.

 같은 색을 여러 번 사용할 수도 있어.

 하지만 붙어 있는 부분은 다른 색으로 칠해야 해.

🟥 : 빨간색
🟦 : 파란색
🟪 : 보라색

❶ 윗부분을 빨간색으로 색칠하면 중간 부분은 파란색과 보라색으로 색칠할 수 있습니다. 아랫 부분을 색칠해 보시오.

❷ 윗부분이 파란색 또는 보라색인 로켓을 색칠해 보시오.

[감자와 고구마]

1 지오와 초이가 밭에 고구마와 감자를 2칸씩 심으려고 합니다. 고구마와 감자를 심는 방법은 모두 몇 가지인지 구하시오. **2가지**

붙어 있는 칸에 같은 종류를 심으면 안 돼.

모두 몇 가지 방법이 있을까?

| 감자 | 고구마 |
| 고구마 | 감자 |

| 고구마 | 감자 |
| 감자 | 고구마 |

[색칠하는 방법]

2 도형의 3부분에 2개의 색을 골라 색칠하려고 합니다. 붙어 있는 부분은 다른 색깔로 색칠할 때, 색칠할 수 있는 방법은 모두 몇 가지입니까? **6가지**

🟥 : 빨간색
🟦 : 파란색
🟩 : 초록색

 → 6가지

빨간색 – 파란색, 빨간색 – 초록색, 파란색 – 초록색을 고를 수 있고, 각각의 경우 2가지 방법으로 칠할 수 있습니다. → 6가지

11️⃣ 길의 가짓수

아인이는 매일 같은 길로 학교에 갑니다. 아인이가 학교에 가는 길은 그림과 같습니다.

집   학교

내일은 다른 길로 가 봐야겠어.

아인이가 집에서 학교까지 갈 수 있는 방법을 모두 그려 보시오. (단, 같은 길을 두 번 지나가지 않습니다.)

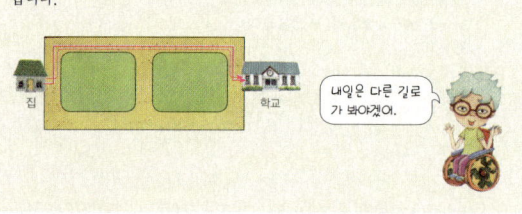

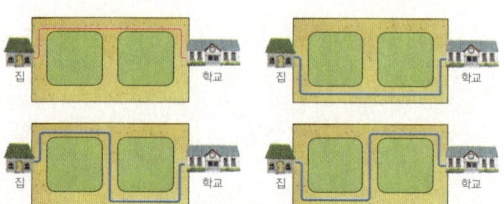

집에서 학교까지 가는 방법은 모두 몇 가지입니까? **4가지**

🟢 개미가 쿠키가 있는 곳까지 가는 길을 모두 그려 보시오. (단, 같은 길을 두 번 지나가지 않습니다.)

🟢 집에서 놀이터까지 가는 길은 모두 몇 가지가 있는지 구하시오. (단, 같은 길을 두 번 지나가지 않습니다.) **4가지**

집

놀이터

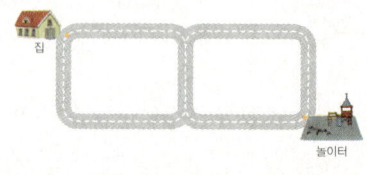

🧙 도로 포인트

길의 가짓수는 갈림길에서 여러 방향으로 가는 길을 차례로 그려 보면 모두 찾을 수 있습니다.

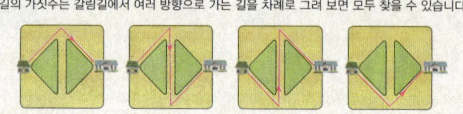

---

18   A8 경우의 수와 통계

🔹 길의 가짓수

84
85

초이네 집에서 할아버지 댁까지 가는 길을 그림으로 나타낸 것입니다. 할아버지 댁까지 가는 길은 모두 몇 가지입니까? (단, 같은 길을 두 번 지나가지 않습니다.)

집 / 할아버지 댁

갔던 곳을 다시 가는 건 안 돼!

❶ 할아버지 댁까지 가는 길을 모두 그려 보시오.

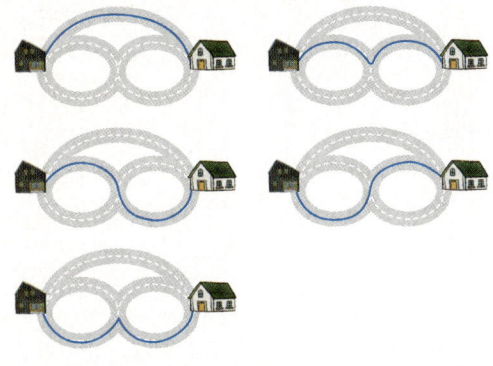

❷ 초이네 집에서 할아버지 댁까지 가는 길은 모두 몇 가지입니까? 5가지

[다리 건너기]

1 아인이네 마을과 지오네 마을 사이에 다음과 같이 다리가 놓여 있습니다. 아인이 네 마을에서 지오네 마을로 갈 수 있는 방법은 모두 몇 가지입니까? 4가지

아인이네 마을 / 지오네 마을

[길의 가짓수]

2 고양이가 쥐가 있는 곳까지 이동하는 방법은 모두 몇 가지입니까? (단, 갔던 곳을 다시 가거나 같은 길을 두 번 지나가지 않습니다.) 5가지

🔹 집까지 가는 방법

86
87

초이가 놀이터를 거쳐서 집으로 가려고 합니다. 덧셈을 이용하여 길의 가짓수를 구해 봅시다. (단, 갔던 곳을 다시 가거나 같은 길을 두 번 지나가지 않습니다.)

출발! / 놀이터 / 집

❶ 초이가 놀이터까지 가는 길은 몇 가지입니까? 3가지

❷ 초이가 화살표 방향으로 출발할 때 집까지 가는 길을 모두 그려 보시오.

❸ 초이가 화살표 방향으로 출발할 때 집까지 가는 길의 가짓수를 ☐ 안에 써넣으시오.

2 가지   2 가지

❹ 다음 식을 완성하여 집으로 가는 길은 모두 몇 가지인지 구하시오.

2 + 2 + 2 = 6 (가지)

[벌집까지 가는 방법]

1 꿀벌이 꽃에게 가서 꿀을 얻은 다음 벌집까지 가는 방법은 모두 몇 가지입니까? (단, 갔던 곳을 다시 가거나 같은 길을 두 번 지나가지 않습니다.) 8가지

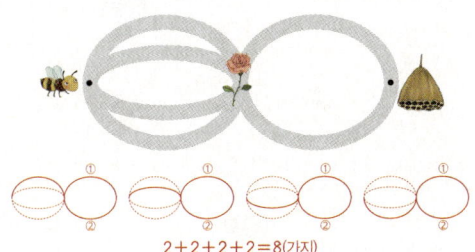

2+2+2+2=8(가지)

[등산]

2 지오와 아버지가 등산을 하려는 산 입구에는 다음과 같은 길 안내 표지판이 있습니다. 지오와 아버지가 산 정상에 갔다가 내려오는 방법은 모두 몇 가지입니까? 4가지

정상 / 입구 / 즐거운 산행 되세요!
올라가는 길과 내려오는 길이 모두 2개씩 있단다.

한 길로 올라갈 때마다 내려오는 방법이 2가지씩 있습니다. 올라 가는 방법이 2가지이므로 모두 2+2=4(가지)입니다.

최단 거리

태경이가 지오에게 학교 가는 길을 설명하고 있습니다.

집에서 학교까지 가는 가장 짧은 길을 모두 그려 보시오.

가장 짧은 길이면 ○표, 가장 짧은 길이 아니면 ×표 하시오.

가에서 나까지 가는 가장 짧은 길을 모두 그려 보시오.

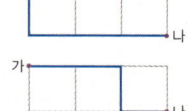 

랭크 포인트

[가에서 나까지 가는 가장 짧은 거리]

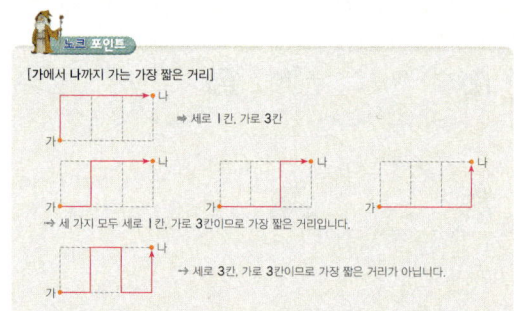

최단 거리의 가짓수

집에서 마트까지 가는 가장 짧은 길의 가짓수를 구해 봅시다.

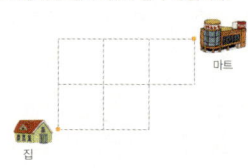

❶ 집에서 출발하여 다음과 같이 2칸을 이동한 곳부터 마트까지 가는 가장 짧은 길의 가짓수를 구해 보시오.

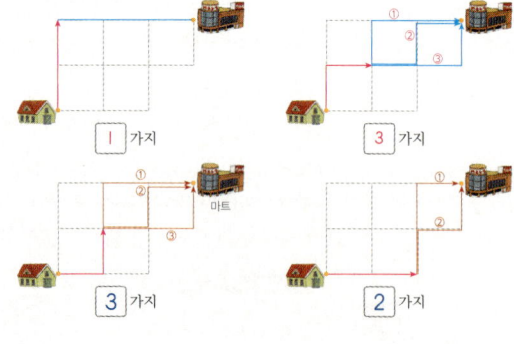

❷ 가장 짧은 길은 모두 몇 가지입니까? **9가지**
1+3+3+2=9(가지)

[가장 짧은 길의 가짓수]

1 가에서 한 칸을 이동하는 두 가지 방법을 나타낸 것입니다. 가에서 나까지 가는 가장 짧은 길의 가짓수를 구하시오. **6가지**

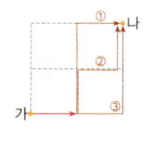 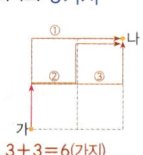

3+3=6(가지)

두 방법의 가짓수를 더하면 가에서 나까지 가는 가장 짧은 길의 가짓수가 돼.

[문구점에 가는 빠른 길]

2 집에서 문구점까지 가는 가장 짧은 길의 가짓수를 구하시오. **8가지**

세 가지 경우로 나누어 생각해 보렴.

다음과 같이 이동한 곳부터 가장 짧은 길의 가짓수를 각각 구하여 더합니다.

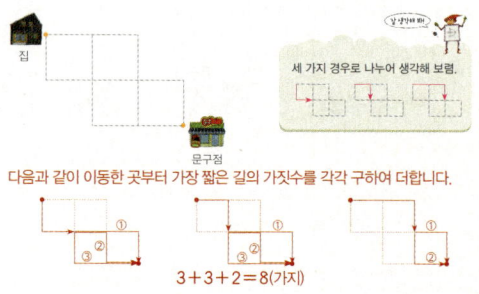

3+3+2=8(가지)

92 93

벌집 모양의 길

집에서 학교까지 가는 가장 짧은 길을 찾아봅시다.

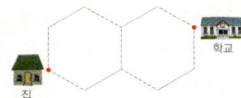

❶ 다음과 같이 길 하나의 거리를 모두 1이라고 할 때, 집에서 학교까지 가는 가장 짧은 길의 거리를 구하시오. **5**

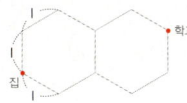

❷ 집에서 학교까지 가는 길 중 ❶에서 구한 거리와 같은 길을 모두 그려 보시오.

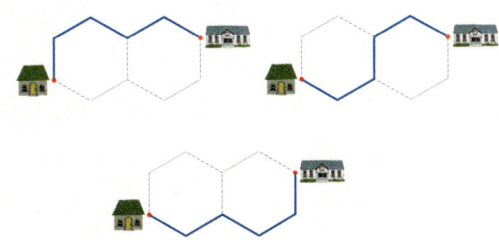

[거리가 같은 곳]

1 초이네 집에서 출발하여 가장 짧은 거리가 5인 곳에 모두 ◯표 하시오. (단, 길 하나의 거리는 모두 1입니다.)

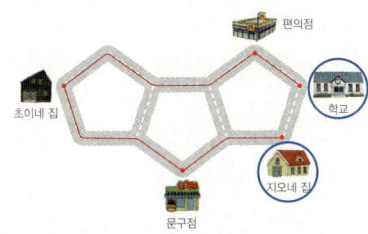

초이네 집에서 편의점까지의 거리는 4이고, 문구점까지의 거리는 3입니다.

[도서관에 가는 길]

2 학교에서 출발하여 도서관까지 가는 가장 짧은 길은 모두 몇 가지인지 구하시오.

4가지

가장 짧은 길만 구해야 해.

---

94 95

창의적 문제해결력

1 다음 그림에서 ㉠에서 ㉡까지 갈 수 있는 방법은 모두 몇 가지인지 구하시오. (단, 갔던 곳을 다시 가거나 같은 길을 두 번 지나가지 않습니다.) **5가지**

2 지오네 집에서 문구점을 거쳐 학교까지 가는 가장 짧은 길은 모두 몇 가지인지 구하시오. **4가지**

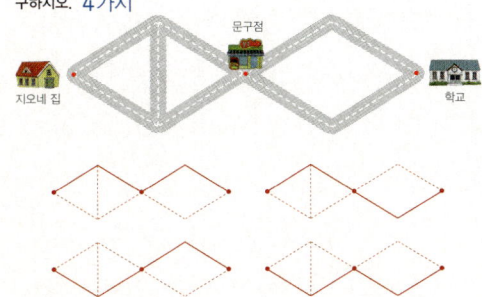

🎥 동영상 특강
QR 코드를 찍어 보세요!!

3 가에서 나까지 가는 가장 짧은 길은 모두 몇 가지인지 구하시오. **7가지**

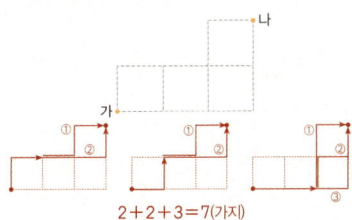

$2+2+3=7$(가지)

4 초이네 집에서 이모님 댁까지 갈 수 있는 가장 짧은 길은 모두 몇 가지가 있는지 구하시오. (단, 호수가 있는 길은 지나갈 수 없습니다.) **4가지**

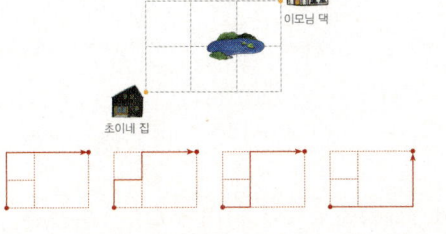

정답 및 해설 **21**

MEMO

MEMO

MEMO

정답및 해설

경우의
수와 통계

A8
(8~9세)

누구나 쉽고 재미있게
사고력
수학
누크